世界トップエリートのコミュ力の基本

ビジネスコミュニケーション
能力を劇的に高める33の絶対ルール

ムーギー・キム
Moogwi Kim

PHP

はじめに　アウトプットとインプットの質を簡単に高める、コミュ力の基本とは？

本書は、「ビジネス・コミュニケーション能力」を劇的に高めるための一冊である。コミュニケーション能力が極めて低く、口下手《べた》・文書下手・会話下手だった気の毒な私が、世界中の優れたビジネスリーダーと働くうちに身につけていった、**アウトプット（発信力）の世界標準への高め方と、正しいアウトプットをするための基礎となる、インプット（受信力）の強化法**を一冊にまとめた本だ。

私たちの周りに、こんな人はいないだろうか？　頭はいいのだけど、書くことがどうしても苦手な人々。その文章には要約や構造がなく、内容もバラバラで、到底読む気がしない。

プレゼンに関しては、一生懸命資料を作り込むのだが発表は退屈で、誰も聞いていない。下手なジョークで出だしからすべるのはもちろんのこと、聴衆の冷ややかな反応を感知せず、壊れたラジオのごとく、最後までダラダラと棒読みを続けてしまう。

会話に関しても、雑談が苦手ですぐにシーンとなってしまい、たいてい気まずくなる。

そして逃げるように「また今度お時間あるとき、ゆっくりと。お近くにお越しになったらご一報ください」という、永遠に実現しないむなしい定型文句が展開されるのだ。

これら日常の情報発信を上手くするには、アウトプットのもととなるインプットの質を高める必要がある。しかしながら、質問が下手すぎて的外れなことを聞いてしまったり、馬鹿な質問ではないかと心配で、相手に質問をできなかったりという人は、少なくない。

そして、情報収集の基本である「読み」という意味では、フェイクニュースがはびこるメディアやネット情報に踊らされ、**勉強すればするほど、愚かになっていく人も数多くいる**。「Garbage In, Garbage Out」という言葉が示すように、ゴミを仕入れても、出てくるのはゴミだけだからだ。

本書は、ここで述べたような、恥ずかしい「発信力」と「受信力」を脱却し、コミュニケーション能力を世界標準に高める、誰にでも簡単に取り入れられる基本的な教訓を一冊にまとめたものである。

◆コミュニケーション下手だった著者が、世界中で働いて学んだ教訓を、「ビジネス・コミュニケーション能力を高める教科書」として体系化

発信力と受信力の重要性は、言を俟《ま》たないだろう。しかしなぜここで私が「発信」するのか？

それは、私が香港やシンガポール、フランスに在住し、外資系投資銀行、コンサルティングファーム、プライベートエクイティファンド（非上場株を中心に投資を行うファンド。以下、ＰＥファンド）、ＭＢＡ、シンガポールでのスタートアップ等でさまざまなビジネスリーダーと働くうちに、あらゆる仕事と日常生活で必要な「読み・書き・プレゼン」といったコミュニケーション能力が、実に、一〇二四流※から一流を目指して、格段に高まっていくのを実感したからだ。

そして当初の苦手意識を長年の努力で乗り越え、世界標準に高めることができた苦難の道程からの教訓を、「**ビジネス・コミュニケーション能力を高める教科書**」として、広く社会及び次世代の人々や、将来の我が子に残したかったからである。

本書が「アウトプット」と「インプット」の双方を扱う理由は、この二つが情報の価値を生み出すための不可分な両輪だからだ。

※本書各章の章末コラム参照。カテゴリーＤを「4流」と定義し、5章分乗じると1024流になる。

良質なインプットなきアウトプットは、ガセネタの拡散につながり迷惑だ。逆にアウトプットなくインプットばかりしていても、自己満足を除けば、無駄に終わる。

そこで、コミュニケーション能力を「アウトプット」と「インプット」の両面から、**「文章・プレゼン・会話・質問・読み方」と体系的に構成し、どのような仕事にも簡単に取り入れられる基本的な教訓**として、一冊にまとめさせていただくこととした。

第1章の文章力に関していえば、私はこれまで6カ国語で60万部以上の書籍を出版させていただくことができた。『最強の働き方――世界中の上司に怒られ、凄すぎる部下・同僚に学んだ77の教訓』（東洋経済新報社）は、その年の翔泳社ビジネス書大賞も受賞することができたし、『一流の育て方――ビジネスでも勉強でもズバ抜けて活躍できる子を育てる』（ダイヤモンド社）は、韓国や中国、タイでもベストセラーとなった。

本だけでなく、オンラインコラムを書けばページビュー（PV）数百万超を繰り返し、累計1億PVを突破した。

ところが私は、大昔から執筆が得意だったわけではない。小学生のときは読書感想文が全然書けずに、「原稿用紙一枚を文章で埋める人って本当に凄いよな」と、幼心《おさなごころ》に思っていたものである。

また仕事では「ロジックのつながりが不明」「もっと一言で要約して」と散々怒られた末に、ようやく、読みやすい文章を書けるようになったのだ。

この過程で私は、文章とは会話やプレゼン、動画等の他のコミュニケーション手段に比べて、**「端的《たんてき》に要旨を伝えられる利点があるので、それを最大限活かす」**という教訓を学んだ。

本書では、元はといえば文書下手だった私が、さまざまな仕事を通じてようやく体得していった「書き方の基本」を、体系的にまとめさせていただいている。


第2章のプレゼンに関しても、ＰＥファンドには各国からプレゼンの猛者《もさ》が集うものだが、私はさまざまなＰＥファンドの創業社長クラスが参加するピッチコンテストでフランス、シンガポール、香港の3カンファレンスに出場し、シンガポールと香港では最優秀賞に輝いた。

また仕事では世界有数のグローバル企業の取締役会でプレゼンすることもあるし、実際に好評を博すことができている。

しかし、以前は私も壇上に上がると緊張していたし、子どものころは配送の人に電話で家への道順すら満足に伝えられない説明下手だったし、せっかく一生懸命準備したのに、満足できないプレゼンに、恥をかくことも多々あった。

私はこの過程で、**プレゼンとは聴衆の関心事とレベル感に合わせながら、ライブ感と双方向性を忘れないことが重要だ**と学んだ。

本書では長年の世界中でのプレゼン経験を通じて体得した、「優れたプレゼンの基本」を、一気に書き綴ろう。


第3章の会話に関しては、私は一家言あるほうだ。メディアの取材を受けて、よく過分な褒め言葉をいただくのが、「ムーギー・キムさんは書くだけでなく、話すほうも上手く、ファンになる」という言葉である。たいていの場合、書くのが上手い人は話すと残念で、話すのが上手い人は文章を書けないことが多いのだという。


これは意外に思われるかもしれないが、私は実際に会ってみると物腰柔らかく下から目線で親しみやすく話すし、**自分で言うのも何だが「憎めないタイプ」である**。

実際のところ、私は仕事能力では負けても、雑談力では「ワールドクラスの雑談家」という自負があるくらい、いつ何時、誰とでも雑談をこなすことができる。しかも単なる与太話で終わらず、会話を通じて相手と信頼関係を結ぶのが得意だ。

しかしながら私は、元はといえば会話下手の人間だったし、笑いを偏重して、人の気持ちに配慮せず、人間関係を壊してしまったことも多かった。

本書では長年の失敗と場数を経て得た、**単に楽しい会話をするのではなく、信頼関係構築につながる会話力の基本**を、一挙に共有させていただこう。


第4章の質問力だが、私はさまざまなメディアで、世界のVIP相手のインタビューを依頼していただけるようになった。伝説の投資家ジム・ロジャーズ氏や、「ブルー・オーシャン戦略」で有名なチャン・キム氏（INSEAD［フランス・シンガポール・アブダビにキャンパスを持つ世界トップクラスのビジネススクール］教授）など世界的な著名人に加え、尊敬する竹中平蔵教授と対談本を出させていただく栄誉にも預かった。

しかしそんな私も以前は、初めての人が多く集まる場での質問で、大きな失態をさらしていたものである。私の場合は臆病で質問ができなかったのではなく、堂々といい質問をしていると勘違いしながら、愚かで的外れな質問ばかりしていたのだ。

そんな恥ずかしい私がどのようにして世界の大物を相手に、**効率的に本質的な情報を引き出**

す質問力を身につけていったのか、その聞き方の基本をすべて書かせていただきたい。

最後に第5章の受信力だが、私は毎日、日本語、韓国語、中国語、英語で情報を集めているので、それぞれの国内で流れる情報が、いかに限定的な視点かを知っている。そして各国の閉じた偏った報道が、さまざまな誤解と対立を引き起こす様子を、苦々しい思いで観察してきた。

しかし、かくいう私も昔は、特定の情報源を信じて自分の偏見を疑わず、恥ずかしすぎる失敗を繰り返してきたものである。

本書では、**巷《ちまた》に氾濫する怪しげな情報に踊らされたり、自分自身の偏見に気づかず暴走したりしないための、「正しく情報を読み解く力」**を高める基本的な教訓を、皆様と共有させていただければ幸いだ。

◆本書の特徴：「グローバルな教訓の体系化」×「共感に基づく改善点の提案」×「簡単にわかる明確さ」

本書の第一の特徴は、紹介する教訓がすべて、私が**実際に世界中で働き学んだ一次情報**に基づき体系化されていることだ。私は言っておくが、全般的に欠陥だらけの、故障した残念人間である。

しかし、長年さまざまな努力を積み重ねてきたからこそ、「読み・書き・プレゼン・会話・質問」に関してだけは、数多くの価値ある教訓を皆様にお届けできる自信と、豊富な経験がある。

そして**本書の33の教訓は、適当に選んで羅列したのではなく、コミュニケーション能力を高めるうえで重要な基礎となるものを、体系的に分類したものだ。**

本書では、世界各地で文章を書き、プレゼンをし、会話・質問・インタビューを複数の言語で行ってきた、確かな経験に基づく実話と教訓だけを共有させていただきたい。

第二の特徴は、「**共感に基づく改善点の提案**」だ。私自身が元からできる著者ではなく、できずに苦しんだ凡人だからこそ、多くの人が何でつまずいているのかが、わかるのだ。**各章末では「できないレベル」に応じた4段階で、それぞれの改善点を書き記している。**

ちなみに賢すぎる人からは、総じてコミュニケーション能力を学ぶことが難しい。

中にはあえて難しく話して自分のブランディングに使ったり、理解させる意思がないことをキャラにしたりしている人もいるが、実際に「なぜこれをオーディエンスが理解できないのか」を理解できず、どう伝えれば皆が学べるかわからない人もいるのだ。

また、生真面目《きまじめ》な秀才は、整理されていないバラバラな情報でも一読して脳内で再構成して理解できるし、どれほど退屈な内容でも真面目に読み込み、理解してみせる。

その点私は、**元はといえば文章も会話も質問も、今思えば大変恥ずかしい水準だったからこそ、多くの人がどこでつまずいて、何に気づいていないか、できないポイントを理解できる**のだ。

このような苦労を活かして、多くの方に共感していただける教訓及び「症状別の改善策」を、各章末のマトリクス分析で提案させていただいている。

第三の特徴として、**本書は「結局何を言いたいか」がこの上なく明確で、簡単に理解できる**という点がある。

本書の教訓が簡単かつ明確に伝わるよう、目次と各トピックのタイトルで「絶対ルール」として一言で要約してある。かつ各トピックの冒頭と最後の一文で、結局何を伝えたいのかを、端的に要約する配慮をさせていただいた。

しかも念のため、各トピックの最後に〝教訓〟という形で要旨を強調している。

さらには、それでも「結局本書で、一番言いたかったことは何なのか」を一言で要約できるよう、本書最後の「終わりに」で、最も伝えたかったことを一言で書いている。

ここまで書くともはや、本屋さんで立ち読み中のあなたに、「目次を読んだだけで要旨がわかったから、もういいや」と、そっと本棚に戻されてしまいそうな気さえする。しかしそこは私を信じて、このままレジに連れて行っていただきたい。

仮に自分だけでなく、大切な仲間や同僚、家族のコミュニケーション能力を高められたい場合は、2冊、3冊、はたまた100冊と買って会社中にお配りになれば、組織全体のコミュニケーション能力が格段に高まることだろう。

◆本書の対象読者――コミュニケーション能力を楽しく高めたい、「ビジネス書嫌い」の皆様へ

本書はアウトプットとインプットに自信がないか、自信はあるが、さらに世界標準に高めたい方に捧げる一冊である。また、世界などと大それたことを言わずとも、会社や学校、ご家庭で、コミュニケーション能力で損をしたくない人に捧げる一冊だ。

そして何よりも、**「どうせビジネス書なんて読んでも無駄」と思っている方に読んでいただきたい一冊**でもある。

事前に本書の原稿を読んでくださった学生さん、主婦、編集者、ライター、ユーチューバー、引退されたアクティブシニアの方など、非常に多様な方々から、誰にとっても「自分ごと」であるコミュニケーション能力の教訓を、**大笑いしながら簡単に読めてしまうと、大好評を博すことができている**。

本書はよくある、最初だけ面白くて後はありきたりの一般論だったり、〝大したことない名言〟を大きな文字で1ページフルに使って、安易にページ数を稼いだりする不誠実な本とは、

一線を画している。

適当に偉人の名言をつなぎ合わせて教養人ぶることもなければ、上から目線で「私を見習え」などと申し上げるつもりは毛頭ない。

もともとできなかった恥を知る私が、**長年の苦労の末に体得してきたコミュニケーション能力を高める教訓を、下から目線で共有**させていただく一冊である。

本書は全編を通じて、大半の人に普遍的に当てはまる教訓を、無駄を排した筋肉質の文章で短くまとめた、「本は薄いが内容は濃い」一冊だ。しいて言うならば、**本書の無駄な文章は、この3行のアピールだけ**である。

本書の読後に、アウトプットとインプットの力を高めてあげたい大切な方にお渡しいただいたり、書き方、話し方、プレゼンやメディアリテラシーに関する研修資料としてや、勉強会、講演会などで「ビジネス・コミュニケーション能力を高める教科書」として役立てていただけたりすれば、著者として望外の喜びである。

世界トップエリートのコミュ力の基本◎目次

第2章 プレゼンの絶対ルール

第3章 会話の絶対ルール

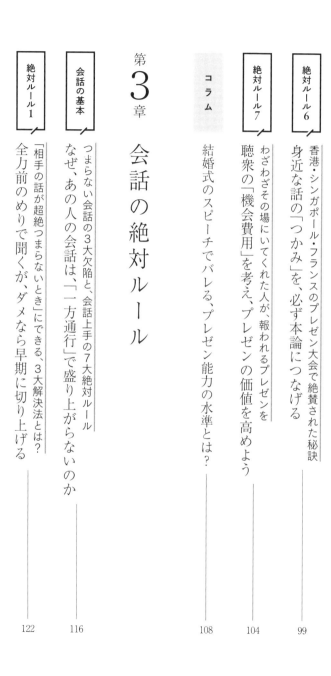

第5章 確かな情報を手に入れるインテリジェンス戦略

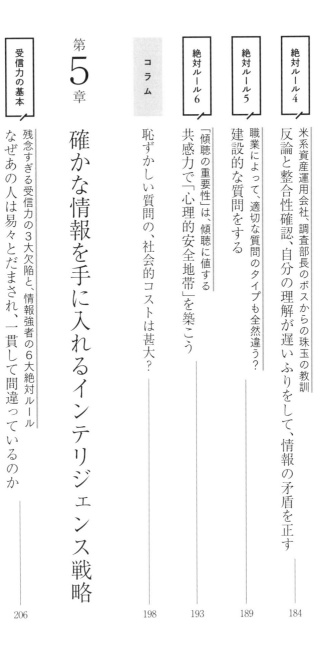

終わりに　発信力の「信」は、信用の「信」

構成協力・田村知子

第1部

アウトプット編

文章・プレゼン・会話を磨いて発信力を高める

第1章

文章の絶対ルール

文章の基本

真面目すぎる秀才のつまらない文章の3大欠陥と、読ませる文章の7大絶対ルール

あの人の文章はなぜ、誰にも読んでもらえないのか？

ビジネスでもプライベートでも、文章を書く機会は多い。

しかし、面白く、わかりやすい文章を書きたいと思っていても、そもそも何を書いたらいいのかわからない、書き出すとダラダラとまとまりのない内容になってしまう、懸命に書いてもなかなか読んでもらえないといった悩みを持つ人は多いだろう。

しかしこれは、人間の歴史を考えると、ある意味で当然なのでは、と私は思っている。

そもそも、他人の文章を読むというのは、本能に反する壮大なエネルギーを要することだ。

人間が言語を使って会話するようになったのはたかだか7万年前ともいわれているが、文字を開発し始めたのは長く見積もっても5000年前である。

我々の祖先は7万年くらい言葉でコミュニケーションをしてきたので、音声での伝達は、よ

り理解が簡単だろう。さらに、動物が視力を手に入れたのは約5億年前だといわれるので、「動画を見る」ことでストレスなく情報を吸収できるのは、理にかなっているのである。

これに対し、本能的に長らく使うことのなかった文章能力は、ほとんどの人にとって未発達でも当然なのだ。

5000年という文字の歴史を長いと判断するか、短いと判断するかは人それぞれだ。しかしそれでも、声を聴いたり対象物を見たりするより、格段に歴史が短いのは確かであろう。

賢いのにその文章力が残念な人は、実は非常に多い。

以前、とある経済メディアからお声がかかって、私が監修する形でさまざまなグローバル企業で働く優秀なプロフェッショナルたちに、その仕事内容と失敗からの教訓を書いてもらう機会があった。

この関係で何十人もの優秀なビジネスリーダーたちの文章に目を通すことになったのだが、いかんせん読みづらく、内容にも興味が湧かず、そもそも何を伝えたいのか意味不明なケースが大半だったことに、驚かされたものである。

そこには、つまらない文章の3大欠陥が凝縮されていたのだ。

・**文章に構造がない**
・**一般論や抽象論ばかりで、具体性、オリジナル性がない**
・**書く源泉となる感動やインスピレーションがない**

これまで、世界中の一流のビジネスパーソンたちと働く機会にめぐまれてきたが、その中では賢く優秀であるがゆえに、恐ろしく退屈な文章を書く人にも遭遇した。そうした人たちに共通するのは、**真面目で「読みにくさへの耐性」が高いということ**だ。

熱心に受験勉強をしてきた人は、どんなに分厚い文書でも、細かな文字がぎっしり書かれた資料でも、最後まで読み通す忍耐力がある。

そのせいか、とにかくあらゆる情報を詰め込みまくった、やたらとボリュームがある割には、何が言いたいのかよくわからない文章を書きがちだ。

しかし、不真面目な私だけでなく、世間のごく一般的な人たちは、小難しくて読みにくい文章には苦痛のあまり、さっさと見切りをつけてしまう。**文章は面白くて読みやすくなければ、結局は読まれないので存在しないのと同じなのだ。**

なぜあの人の文章は、わかりやすくて面白いのか？

読まれる文章の7大絶対ルール

伝わる文章の基本としては、まずもって伝えたいポイントと文章の構造を明確にすることが重要である。具体例と抽象化のバランスに気をつけつつ、無駄な文章を大幅にカットしよう。

また内容に関しては、自由に文章のトピックを決められる場合は、インスピレーションを起点に伝えたいことを正直に書くことが重要だ。また**自分のオリジナルな経験と教訓を、読み手の関心事に結びつけて発信することが基本**である。

本章では、こうした絶対ルールを踏まえた、魅力的で「読まれる文章」について考えていこう。

【絶対ルール1】伝わる文章には、「起承転結」より「最初と最後」が重要

【絶対ルール2】読みやすい文章は、骨付きカルビのバランスで

【絶対ルール3】質の高い文章は徹底的な削減から生まれる

【絶対ルール4】アドレナリンとセロトニンが配合された、「熟成文章」が大切
【絶対ルール5】「需要が高い文章」の3大ポイントは、時事性・自分ごと・共感
【絶対ルール6】説得力が高い文章の分かれ目は、「一次情報」の有無
【絶対ルール7】書くことのモチベーションを、自家発電する3大ポイント

絶対ルール

1

この3つを学校で教えないから、私たちは意味不明の文章を書いてしまう!?

伝わる文章には、「起承転結」より「最初と最後」が重要

意味が簡単に伝わる文章を書くには、文章の最初と最後にこだわる必要がある。

今日のように動画など情報を伝える手段が大きく発達している中、他メディアに比べた文字を読むことの有効性は、「要旨把握の効率性」にあるといっても過言ではない。

わかりやすい文章構造にとって第一に大切なのは、文頭と文末での論旨強調だ。言い換えれば、文章や文節の最初と最後さえつなげて読めば、大意がわかるように書くことだ（この一つ目のトピックだけ、文節の最初と終わりが傍線で強調されているが、あとにその理由が明かされるので、注意して読み進めていただきたい）。

そもそも日本語は英語に比べて、明確に伝わりにくい言語である。たとえば、英語圏ではどんなに長い文章でも、タイトルでまずバシッと言いたいことを表し、最初の1ページに全体の要約をつける。その1ページの要約の中にも、冒頭の3行で要点を示すといったフレームワークになっていることが多い。

これに対し、日本語で書く文章は、何が言いたいのかという結論が、なかなか文章中に出てこないことが多い。学校でも実用的なテクニカルライティングを学ぶ機会はほぼなく、「起承転結」云々を習うせいか、いわゆる「物語」のような文章を書く習慣がつきがちだ。

しかしこれだと、物語をずっと読んでいかないと、何を言いたいのかがわからないのだ。情感を伝えたり、楽しませたりするための文章であれば、構造に縛られる必要はない。

しかしビジネス文書で情報を伝えるための文章を書くときは、起承転結などもってのほかで、最初の1行と最後の1行だけつなげて読めば、結局何が言いたいのか大意が伝わることが

重要なのである。

文章をわかりやすくするうえで第二に重要なポイントは、「一言要約」にこだわることだ。

私が尊敬する前職の上司は、資料が数百ページにおよんでも、重要なポイントを1ページにまとめた「エグゼクティブサマリー」をつけることを常に求めていた。

しかも、「その1ページのサマリーを1行でまとめるとどうなの?」「じゃあ、一言では?」と、要約の要約まで迫られた。

内心では「100ページのプレゼン資料を一言で要約なんてできっこないだろう!」と反発を覚えながらも、何度も要約を繰り返すうちに「一言で要約ができないうちは、伝えたい本質がはっきりとわかっていないんだな」ということに気づくことができた。

一言で言うと何を伝えたいのか自分でわかっていないときは、要旨に関係のない文章を入れ込み、内容がバラバラで理解不能になってしまうものである。

第三に重要なのが、様式の統一だ。骨格が明確な文章には、整然とした様式美が現れる。

たとえばこれからお読みいただく本書の章末コラムもすべて、同じフォーマットで統一されていることにご注目いただければ幸いだ。

あとで注意深くお読みいただきたいのだが、**各章末コラムはA～Dの4象限にコミュニケーション能力を分類して解説**しているが、最初の説明Aで、すべてのルールを短くまとめた要約を提示している。

次にB・Cでは、「このような状況にある方は」と症状別の改善策を論じてある。

そして2軸双方で残念な状況のDカテゴリーに関しては「こういうときは」と、2方面での改善策を論じるように統一している。

このように統一されたフレームで収まっているかどうかが、単なる作文と構造がある作品との分水嶺なのである。

この文章構造へのこだわりの具体例は、私の著作をご覧いただければ、より深くご理解いただけることだろう。たとえば、前述の『最強の働き方』では、徹底的に各章の冒頭に要約をつけ、最後部にも再度ポイントをまとめた。また、各教訓で最も伝えたいことは、タイトルで明確に示した。つまり、タイトルが各教訓の要約になっているのだ。

この本は実は、**「要約の教科書」「編集の教科書」**として使えるのではと思えるくらい、徹底的な要約と編集にこだわった一冊である。

ちなみに今お読みの本書も、タイトル、文の最初と最後の教訓で要約になっており、ストーリーラインの具体例を示すべく、**本項の傍線で強調した文節の最初と終わりを読むだけで、構造がわかるように配慮されている**。

しかも、各文節の冒頭で結局何が言いたいのか書いてあるので、ぜひ注目していただきたい。

このように、タイトルとサブタイトル、文章や文節の最初と最後を読みつなぐだけで、全体の要約になっている構造を意識して書くことが、わかりやすい文章の基本なのである。

〈教訓〉

文章の構造を明確にして、一言要約と様式の統一にこだわろう。

絶対ルール

2

読みやすい文章の特徴は、短く抽象的かつ具体的?

読みやすい文章は、骨付きカルビのバランスで

読みにくい文章を書いてはいけない。

そんなことを書いているこの文章が読みにくければ元も子もないのだが、文章が長すぎたり、具体例だらけで本質的なポイントが不明だったり、逆に抽象的すぎて意味不明だと、結局は伝わらないので存在しないのと同じなのだ。

文章を読みやすくするには第一に、**スマホ画面でも読めるくらい端的に書く**ことだ。

小さなスマホの画面で文章を読むことが増え、情報がますます簡略化されるこの2020年代、少しでも長いと感じられたら、その文章はまず読まれない。

しかし中には、小さな文字で事細かな情報がびっしりと書かれた文章を、長々と書いてしまう人も少なくない。

このタイプの文章を書く人は、子どものころから勤勉で退屈な文章でも読みこなす耐性の高い、真面目な秀才肌の人が多い。

そんな人に文章を書かせると、読み手も自分と同じように勤勉で真面目だと誤解して、**「こんなことまで誰が読むの？」**と思うほど細かな情報を詰め込んだ、ゲンナリする文章になりがちだ。

しかし私をはじめたいていの人は、文字がぎっしり詰め込まれた長ったらしい文章を前にした途端、読む戦意をなくし、心と目とその本を閉じてしまうことを、忘れてはならない。

文章を読みやすくするうえで第二に重要なのは、**結局何が言いたいのか、抽象的なポイントを明確化する**ことである。

多くの文章の読みにくさは、ポイントが不明な具体論の、果てしない羅列によって発生する。これはいうならば**文章の骨格がなく、肉ばかり山盛りになっているような文章**である。

このタイプの文章を書く人は、自分自身でも結局ポイントが何なのかわからず思いついたことを書いていることが多い。

しかし私をはじめ多くの人は面倒臭がりやなので、**冒頭を読んだだけで何が言いたいのかが**

わかる文章しか読みたくない。

私にはポイント不明の具体論を瞬時に抽象化する脳ミソがないため、タイトルや見出しでズバッと言いたいことを伝えてほしいし、文章や文節の冒頭に、明確な要約もつけてほしい。さもないと、**最後まで読まないと何が言いたいのかわからないので、イライラして読み続ける戦意を喪失してしまう**のだ。

文章を読みやすくするうえで第三に重要なのは、**抽象論で終わらず具体例もきちんと書き込むこと**だ。というのも、世の中には抽象的に要約しすぎて、まったく中身が伝わらない一般論で終わってしまう文章も多いからだ。これはいうならば、**骨だらけで肉のない、骨格標本みたいな文章**である。

このタイプの読みにくい文章は、抽象的思考が得意どころか、高度に抽象的思考しかできない、ある意味で頭が良すぎる人の文章にありがちな落とし穴である。

いかんせんその抽象的な記号に込められている具体的なイメージが、普通の人には伝わらないので、どこまでいっても無味乾燥で面白くない、抽象論に終始するのだ。

これは私が先日、一緒に働いた中国のＡＩ分野の著名教授の事例なのだが、彼は優秀なデータサイエンティストが集まるこの分野の中のトップ研究者であり、その超一級の頭脳は誰しもが認めるところである。

しかしなんといってもその説明が無味乾燥で抽象的で、「もっと具体的に」といくらお願いしても、ひたすら抽象的な、数式のような回答しか返ってこなくて、たいそう苦労した経験を思い出す。**彼は抽象的に数式でしか理解しない脳の構造なので、具体的な話を脳が一切受け付けない**のだ。

また、私が仕事をお願いしているシンガポールのエンジニアは、コードを書くように文章を書くので、いかにも人間味がない文章になる。

ホームページで重要個所を強調するため、メインメッセージを何度か繰り返すようにお願いしても、「すでにその情報は書いている」とそっけない。

同じ情報を表現を変えて強調のために繰り返すことを、あたかもプログラミングのバグであるかのように拒否するのだ。

文章は確かに、具体例や繰り返しが多すぎては失格だ。しかし抽象的すぎて何が言いたいかわからなくても、結局誰にも読まれないのである。

秀才肌の人ほど、他の人は自分のように読みにくい文章に耐えられるほど真面目ではないと気をつけよう。

私を含めた普通の人は端的かつ、肉に当たる具体性と、骨格に当たる本質的メッセージのバランス感覚に配慮した、**骨付きカルビのような文章であってこそ、美味しく読み進められる**ものなのだ。

教訓

極力短く書き、具体例と抽象論をバランスよく織り交ぜて、読みやすくしよう。読みにくい文章に耐えられるのは、極度に生真面目な人だけである。

絶対ルール

3

質の高い文章は徹底的な削減から生まれる

一流の文章と、彫刻芸術の共通点とは?

「ムーギー、文章の質にこだわりなさい。世の中には大量の読まれない本が本屋や書棚を埋め尽くしている。これは大いなる資源破壊であり、無駄な文章を書いたり、中途半端な本を一冊でも出版したりするのは、厳に慎みなさい」

これは、経営分野で最も影響力のある、一流思想家の世界ランキングを発表する「Thinkers50」で、見事世界ナンバーワンに輝いているINSEADのチャン・キム教授が私に仰った一言である。

教授の13年ぶりの二冊目の著書『ブルー・オーシャン・シフト』(ダイヤモンド社)日本語版の巻末付録を書かせていただくことになったときに、教授が「本をたくさん出している」という噂の私を戒めた一言だ。

世の中で、読まれない文書が大量に破棄される中、追加的に中途半端な文書を執筆・出版す

るのは大いに資源の無駄遣いであるというのは、私もかねてより思ってきたことである。

特に紙の森林破壊へのインパクトも考えると、中途半端な本を一冊出版するのは、ジャングルと次世代に対して大変申し訳ないことであるのは間違いがない。スウェーデンの環境活動家、グレタ・トゥーンベリさんに睨まれて、「よくもまぁ！」と怒鳴られても仕方ないだろう。


私が文章のクオリティを高めるべく第一に心がけているのが、**無駄な文章を徹底削減**することである。文章の生産性を高めるには、少し読んでもらえただけで多くを得られる文章を書くことが重要だ。だからこそ、文章を完成させるプロセスでは、〝何度も大量に削除して書き直す努力〟が重要なのだ。

私が本を書くときは、本書も含めてファーストドラフトから8割以上削除して書き直し、セカンドドラフトから5割ほど削除して書き直し、サードドラフトから3割削除して書き直す、といった具合に、**文章の大量削除が当たり前になっている。**

第二に、**何度も書き直して、細かな表現を磨いていく**ことが不可欠だ。私はゲラ（出版前の最終仕上げの段階）からも、10回以上書き直すくらい、不要あるいはつまらない表現や内容の変更に並々ならぬ執念を燃やしている。

本書のように33の教訓を書くのであれば、まず「現時点で最もつまらない3つのコラム」を選ぶ。次にそれらを「最も面白い3コラム」に改善する作業を、延々と繰り返すのだ。

その過程では各ページが他のページより面白いように、また各一文が他の一文より意味あるように、そして選んだ単語がベストチョイスであるようにと、他の単語候補を考え、ひたすら改善を続ける。

良い文章を書くのに重要なのは、書き手の効率性ではない。重要なのは読者への敬意と、わかりやすく書く執念なのである。

しかし、**読み手の効率性には徹底的にこだわるべく、不要なコラム、文節、一行、一字一句たりとも見逃さず、微修正を重ねる**ことが重要だ。

文章を大幅に削ったり小幅に削ったりしているとき、私がイメージしているのは、あたかも木材に彫刻刀を入れて少しずつ削り出しながら、無駄のない芸術を誕生させる彫刻の匠である。

文章のクオリティを高めるために第三に心がけているのは、**見えない部分にも、一切手を抜**

かないことだ。たとえば「無駄な文章の削減」以外にも、私が気を遣っている細かい配慮はたくさんある。

それこそ行を空ける位置や、冒頭で一段下げる位置、使用する紙の品質（めくりやすい薄さで、しかし裏移りしない厚さが必要）、本を写真に撮ったときにインスタ映えするデザインかどうかなど、かなり細部にわたって神経を配っている。

実際にインスタグラムで「最強の働き方」を検索すると、美しくブルーに輝く表紙が大量に出てくるので、ぜひご覧になっていただきたい。

また『最強の働き方』は各コラムの内容をイラストで表しているが、社員の絵は男女同権を意識して女性も多く出したり、よく見るとＬＧＢＴの人も表現されていたりと、よく見ても気づかない細部の配慮が満載だ。

しまいには本のカバーを取り外すと、そのカバー裏に秘密コラムが隠されているくらいである。しかし、そんなところのこだわりに気づく人が、出版社や書店の方々を含めあまりいなかったのだが、それでもまったく問題ない。

他人からの評価より、自分からの評価でベストを尽くしたかが重要なのだから。

良い文章とは決して、受験勉強の現代文のように、わかりにくいものを一生懸命読み解かせるものではない。読んでくれる方に感謝と敬意を込めて、「**本当にこの一言は読者が1秒、1円でも使う価値があるのか？**」と自戒して、無駄な文章を徹底的に削減することが重要なのだ。

そして細部にこだわり何度も書き直し、少しでも文章のクオリティを高める心がけが不可欠なのである。

〈教訓〉

無駄な文章はすべて削減し、何度も書き直して、文章の質を高める細部への配慮にこだわろう。

絶対ルール

4

面白い文章を書くには、文字に込めるイメージが重要

アドレナリンとセロトニンが配合された、「熟成文章」が大切

面白い文章を書くには、そもそも文字に込めるイメージやインスピレーションが重要である。

文章に書くイメージを膨らませるうえで重要なのは第一に、当たり前だが**自分で面白い経験を積むこと**だ。たとえば、私が東洋経済オンラインの当時人気ナンバーワンの連載コラム「グローバルエリートは見た！」でデビューしたときは、毎日が新しい刺激と感動に満ちあふれていた。

執筆中はフランス留学中でINSEADの学生だったので、会社を離れて正直かつ自由に書くことができた。そして日々世界中の面白い友人からユニークな学びがあったので、**1年に140本という日記のようなペースでコラムを書いても、書きたいことがいくらでもあった**のだ。

第二に大切なのが、直接聞いて感じた直感を文字に込めることである。

私がＩＮＳＥＡＤを卒業するとき、各自が友人を指名して他己紹介を書いてもらいアルバムに整理するという作業があった。

そのとき、私が友人から受けたインスピレーションを文章に面白おかしく表現したのが大好評で、実に60人もの卒業生の他己紹介を書く羽目になった。

ちなみにその伝説を聞きつけて、**翌年の卒業生（インド人学生）が私に会ったこともないのに、他己紹介を頼んできた**くらいである。

しかし私は、たかだか5行の他己紹介といえども、インスピレーションが必要なので、カンファレンスコールでその人と1時間くらい話し、そこから受けた直感で紹介文を書いたものだ。

文章とは書き手の脳裏にあるイメージを、文字を通じて読み手が自分の脳裏でイメージを再構築するのを助けるものである。よって著者が文字情報以上の豊富なイメージを持っていないと、文字で読み手にイメージが伝わるわけがないのである。

ただし第三に重要なのが、イメージを伝える文章は、**発信の前に十分寝かせて、冷静な目で見つめ直す「熟成期間」が必要**だということだ。

これは往々にして深夜にラブレターや、逆に怒りのメールを送信したあと、翌朝読み返してふと我に返り、「大後悔時代」が始まるのと同じ理由である。

特に恋の病にかかって周りが見えなくなると、深夜に突然「どんなことがあっても君を守る」などと、この平和なご時世に恥ずかしい文面を送ってしまいがちだ。

すると案の定、「私の人生、極めて平和なんですけど……どちらかといえばあなたの暴走から守ってほしいんだけど……」などと内心突っ込まれてしまうので、くれぐれも気をつけよう。

なお、10年以上の月日を経て大変苦い記憶が蘇ってしまったのが、私が某外資系金融機関で深夜までオフィスにいたときの、ほろ苦すぎる「**ラブレター誤送信事件**」だ。

20代前半の恋愛真っ盛りの私は、別に仕事をするわけでもなしに当時別れたばかり、正確には振られたばかりの元彼女に、それはそれは女々しいラブレターをメールで書いていた。

しかし仕事で疲れていて眠たかったのか、なんと間違ってスイスにいる本社のマネージングディレクター（経営幹部）に、私がいかにまだ愛していて、よりを戻したいかというメールを送ってしまったのだ。

信じられない展開に血の気が引いて、まさかと思ってメールボックスの送信歴を確認すると、残酷なまでに確かに、私のラブレターが本社の上司に送られてしまっている。インスピレーションあふれる文章を寝かす前に、自分が眠たくなってしまって会社の重役に送り付けるなんて、これ以上恥ずかしい失態があるだろうか。


感情に任せて文章を書くと、アドレナリン（興奮ホルモン）だらけで、セロトニン（感情をコントロールするホルモン）不足の、恥ずかしい文章になるリスクも大きくなる。

したがって文章を書くときは、インスピレーションを起点に書きつつも、時間に余裕があるときは上質の熟成肉並みに、十分に寝かせよう。

気持ちを伝える文章を書く場合は湧き起こる感情を大切にしつつも、冷静な目で文章をチェックするバランス感覚が重要なのである。

〈教訓〉
気持ちを伝える文章を書く前には、直接経験したり、会って聞いたりしたときのインスピレーションを大切にしよう。ただし文章の編集は、冷静な平常心で行おう。

絶対ルール
5

1億PV突破の連載コラムからの教訓
「需要が高い文章」の3大ポイントは、時事性・自分ごと・共感

多くの人が関心を持つトピックに自分のメッセージを絡めてこそ、多くの人に文章を読んでもらえるものである。

何を書いても喜んで応援してくれる大量のフォロワーがいたり、誰もが気になる壮絶な経験をしたりしたわけでもない限り、この情報過多の時代に「読まれる文章」を書くのは容易ではない。

そんな中、さまざまな経済メディアで連載し、1億PVを一人で突破した経験から「需要の

大きな文章」の3大ポイントを論じよう。

需要を大きくする第一の要素は、**時事性の有無**だ。前述の私の連載「グローバルエリートは見た！」だが、この連載が何千万PVと読まれた理由は、「読まれるトピックの時事性」が大きかった。

なにせ出したコラムをすぐ掲載してくれる態勢を敷いてくれていたので、それこそ滝川クリステルさんの「おもてなしスピーチ」など、その時々で話題になっている「需要の大きなトピック」に関し、需要が大きな間に読んでもらえたというのが、大ヒットの大きな要因の一つであった。

第二に需要を大きくする要素が、**「誰にでも当てはまる、自分ごとトピック」**である。たとえば、自著『最強の働き方』は6カ国語で展開されたため、おかげさまで日本からだけでなく韓国、中国、タイやマレーシアなどさまざまな国からお便りをいただく。

国や言葉は違えど、仕事で重要な本質は同じなので、普遍的なテーマで書けばそれだけ、「自分ごと」として読んでくれる人が増えるのだ。また2016年から2017年にかけて連載した、東洋経済オンラインで圧倒的に読まれた「ムーギー・キムの最強の働き方」、通称「バレるコラム」シリーズはどうか。

これは即日掲載という時事性はなかったが、それこそ「ランチ」「コンビニ」「飲み会」「エレベーター」といった、誰にでも当てはまり、誰でも絡める「需要の大きなトピック」をテーマにすることが多かったので、内容の薄さにもかかわらず、圧倒的1位のPVを誇っていた。

第三の需要を大きくする要素が、意外なことに**「わかりきった当たり前のことを書いて、共感を誘う」**ことだ。これは私が尊敬する敏腕編集者の中里有吾氏に言われて半信半疑だったのだが、あまり執筆内容を高度にすると「自分の世界と違う」と思われて、大多数の人は離れていってしまうというのだ。

もちろん「30年後の自分は、あと30歳年をとっている」クラスの、とんでもなく当たり前な話ばかりだと、さすがに「目新しさがなかったです」と怒られてしまう。

両方の要素をバランス良く配合することが重要で、総じて**「誰でも知っている当たり前のことを8割くらい、新しい内容は2割くらいにする」**のが良いというのだ。

これは確かに一理ある。**多くの人は教訓よりも共感を求めている**ものである。「私もそう思う！」と一緒に大合唱したいという欲求を持っているため、あまり自分ができていない目新しいことばかり書かれても、「私が全然できてないことばかりだ……」と悲しくなり、共感して読んでくれなくなってしまうのだ。

こう考えれば、視聴率を稼いでナンボのメディアであるテレビのコメンテーターが、視聴者に賛同されそうな「当たり前」のことしか言わないのも、ご理解いただけるだろう。

もちろん読み手のタイプや文章の目的によってこのバランス割合は変わってくるだろう。しかし総じて重要なのは、広く読んでもらう文章を書くためには、自分がインスピレーションを感じる関心事項を、**時事性や「誰にでも当てはまる自分ごと」につなげながら、共感と目新しさをバランス良く意識し、執筆する**ということなのである。

教訓

広く読まれる文章を書くには、伝えたい内容を時事性や誰にでも当てはまる身近な事柄に絡め、安心感と目新しさのバランスに配慮することが重要。

絶対ルール

6

ベストセラーのビジネス書大賞受賞作と、まったく売れなかったディズニー本の違い

説得力が高い文章の分かれ目は、「一次情報」の有無

文書に限らず、あらゆる情報発信は「経験者が実体験に基づき語る、第一人者としての説得力」が重要である。インターネットやSNS全盛の今の時代は、あらゆる情報に簡単にアクセスできる。

しかしこれほど皆が情報発信できる時代だと、抽象論でオリジナリティを出すことは難しい。その点、私たちのユニークな具体的体験は、私たち以外誰も書くことができないのだ。

説得力を高めるうえで第一に重要なのが、**自分が経験したことに基づき、自分だからこそ書ける内容を書くこと**である。

前著の『最強の働き方』は、光栄にも、2017年に翔泳社が開催するビジネス書コンテストで3000冊の中からグランプリに選んでいただくこともできた。

この本の内容は、私自身が実際にさまざまな国の職場で尊敬する上司や凄すぎる部下・同僚に怒られて学んだ教訓をまとめたものである。ただ、抽象的な情報に直せば、別に目新しいことなど言っていない。

しかし特に高い価値が認められたのは、その「経験者が一人称で語る説得力」であった。なにせフランス・香港・シンガポールなどでの生活・勤務経験と、世界80カ国におよぶ友人との経験を、日本のビジネスパーソンの興味関心につなげてユーモラスに書いたのが功を奏した。またすべて、具体的で個人的な経験に基づいていたので、**同じ情報でも「経験者が事実に基づき語る説得力」に価値があった**のだ。

その独自の経験と、体験を通した知見や情報がキラーコンテンツとなり、優秀な編集者・中里有吾氏の支援もあり、関連する連載コラムは1億PVのヒットにつながったのである。

説得力を高めるうえで第二に重要なのが、**いわゆる「生の声」を豊富に紹介すること**だ。

『一流の育て方』も、抽象論レベルでは8割方、当たり前の教訓がほとんどであった。

しかし200件を超える具体的な「子どもが親に感謝している家庭教育事例」のオリジナル

なストーリーが説得力を持たせる源泉となり、5カ国語で出版されるベストセラーとなった。

200ケースものオリジナルな家庭教育方針に関する生の声に対し、これまた長年多くの子どもを育ててきた共著者のミセス・パンプキンが、自身のオリジナルな育児体験と独自の視点で論じた点が、多くの読者に読まれたポイントであった。

ここで重要なのは、結論ありきで生の声を編集するのではなく、生の声をもとに分析し、結論を考えることである。


説得力を高めるうえで第三に重要なのが、**「自分より第一人者がたくさんいるトピック」では絶対に書かない**ことである。

これまで手掛けた本の中で唯一最も売れなかった『最強のディズニーレッスン　世界中のグローバルエリートがディズニーで学んだ50箇条の魔法の仕事術』(三五館シンシャ)は、実際にそこで働いたわけでもない人が、文章力で勝負しようとしても無駄だと悟る契機となった。

実は本書は私が一番苦労して書いたもので、素晴らしい編集者に恵まれ、内容には今でも絶大な自信があるのだが、圧倒的に売れなかったのだ。

執筆過程では調査のため、ディズニーランドに一人で何度も通い、そこらへんのディズニーオタクよりよっぽど詳しいオタクへと進化しながら、全力で書き綴った。今では隠れミッキーなどあっという間に全部見つけられるし、インスタ映えするフォトスポットも全部知っている。

しかしやはり、「ディズニーで直接働いたこともない人が、勉強したことをまとめた本」と思われてしまうと、説得力を感じてもらえないのだ。

私が「どうせ今回も、アンチの皆さんのおかげで、レビュー欄は大炎上やろ」と思いながら本へのレビューを読んでいたところ、「**彼の本は好きだったが、この本は違う。自分を作家と勘違いしているのではないか**」と書かれていて、腹が立つよりも謙虚に考えさせられるきっかけとなった。

そう、私は面白い文章力で本を書かせていただいているのではない。自分自身が世界で働く中で得た一次情報からの教訓を共有すべきで、勉強したことをまとめて本を出すような身分ではないと、深く自省したのであった。

自分の体験やその感性を通して感じたことを書くことは、最も重要な基本であり、私たちの文章の説得力を高めるうえでも非常に大切なことである。
そして抽象化すると平凡に聞こえる話でも、具体的な実体験に紐づけて書くことで、説得力の高い唯一無二のコンテンツを紡ぎ出せるのだ。

〈教訓〉
文章を書くときは、自分ならではのユニークな体験や感動を盛り込もう。文章の価値には説得力の有無が重要で、それは独自の一次情報に基づいていることが不可欠である。

絶対ルール 7

書くことのモチベーションを、自家発電する3大ポイント

「体育と私」というトピックで、4万字レポートを書いた教訓

これは「書く」に限らず、あらゆる仕事に共通するそもそもの起点なのだが、自分の仕事がどのような意味のあることにつながりうるのか、想像力を働かせてモチベーションを高めるこ

とが重要だ。

特に嫌々書いた文章は、その退屈な気持ちが見事に伝わってしまうものである。

書くモチベーションを高めるうえで第一に重要なのは、**書く内容を決めるところから積極的に意思決定に参加する**ことだ。

私が尊敬するチャン・キムＩＮＳＥＡＤ教授の世界的ベストセラー『ブルー・オーシャン・シフト』にも書かれているとおり、大半の人間は創意工夫を発揮したいと思っている。よって、上から押しつけられたサービスや商品の文章作成などについては、執筆意欲が湧かなくて当たり前なのだ。

世の中の文章の大半が退屈なのは、おそらく全く共感していないことを嫌々書かされた文章が多いからだろう。

第二に重要なのが、仮に書く内容を決められてしまっていても、**読みやすさで付加価値を出すこと**だ。

これは私自身が退屈な資料作成を依頼されたときに心掛けていたことだが、素早く正確に書いて仕上げることを、仕事へのコミットメントをアピールするための手段だと見なすのだ。

ちなみに私の場合は、書く内容が決まった後でも「少しでも読みやすく面白い、匠の一文」に高めることに、異様なモチベーションを燃やしている。

たとえば私は本を書くとき、ドラフトの段階では我ながら呆れるくらい、何度も何度も全体を読み直して書き直す。

しかし、完成して本になり一度出てしまえば、実は一度も自分の本を読んだことがない。

これは私のモチベーションの源泉が、少しでもよい内容で、無駄なくわかりやすく本にするということだからだ。つまり、一度世に出てしまえばもう書き直せないので、私は自分の本を二度と読み直さないのである。

モチベーションを高めるうえで第三に重要なのは、「**自分を、頑張らざるを得ない状況に追い込むこと**」だ。

恥ずかしながら私は大学時代、体育の課題の4000字レポートを出すのをさぼってしまい、1単位足りずに卒業できない寸前であった。

この単位を落とすと、当時の就職氷河期にせっかく内定をもらった外資系投資銀行のオファーもなくなり、しかも次の半年、体育の1単位をとるだけのために、大学に在籍し、学費を払わなければならない。

これはいくらなんでもひどすぎるのではと思い、寛大な処置を求めて、単位にならないのに体育のクラスすべてにボランティアで参加したり、駅から学校までのバスに乗らず毎日走って通ってアピールしたり、体育の先生のボスを訪ねて救済措置をお願いしたり、有力者に間に入ってもらって交渉してもらったりと、万策を尽くした。

そしてあげくの果てに、手書きレポート4万字でなんとか手を打ってもらったのだ。

そのトピックは何を隠そう、「体育と私」。――これで4万字書くなんて、通常の精神状態であれば、まず不可能であろう。

しかしこれをやらずに単位が得られなかった場合に失うものと、支払うコストの大きさを考えれば、人生でこれほど必死に書いたレポートもなかったくらいである。

この経験は私の人生最大級のトラウマとして脳裏と心理に刻まれており、実際にその後何年にもわたって、「体育1単位が足りなくて留年！」という悪夢にうなされたくらいである。

恥ずかしながらそれが今も続いていて、なぜかその10年以上あとに卒業したビジネススクールも、体育が1単位足りなくて卒業取り消しという夢を見ることがある。

それでも、**まったく書きたいという気持ちが湧き起こらない文章を、卒業証書と学費とファーストキャリアに結びつけることで、執筆モチベーションが少なくとも文字数のうえでは、10倍に高められた**のであった。

これは「自分を追い込んだ」というより、勝手に自分が追い込まれたと言ったほうが正しいのだろう。

しかし人は、危機的状況にあると認識すれば、俄然つまらない作業に対してもやる気がみなぎるものなのである。

書く気がまったく起きないのに書かざるを得ないときは、その「書くこと」が潜在的にどのような結果につながりうるか、考えよう。

逆に意義を感じずに嫌々書いてしまうと、その投げやりぶりが文章に必ずにじみ出てしまうので、くれぐれも気をつけよう。

〈教訓〉

書くことのさまざまな意味合いや可能性を想像して、書くモチベーションを高めよう。

「伝わる文章の書き方」を学び直そう

伝えたくもないことを、読みにくく書き綴る、「恥ずかしい文章」にならないために

文章力のコツに関して偉そうに教訓を綴ってきた私だが、私ほど文章下手だった人はそうはいないと思う。

小学校の卒業アルバムを読み返すと、その内容のなさに、我ながら卒業資格を取り消し、退学処分を下したくなる水準である。この400字のマス目を埋めることができなかった幼少期の私に「将来は本を書くことになる」などと言えば、さぞかし悲嘆にくれて、非行に走ったことであろう。

しかし私たちの元来の文章力の弱さは、学校教育の国語教育にも大いに問題があると確信している。

昔のように上意下達の時代には、何を言いたいのかわからない難解な文章を一生懸命読み解く現代文のようなテストも、意味があったのかもしれない。

またネットもなく普通の人が情報発信する機会もなかったので、読みやすい文章の書き方も

今ほど重要ではなかっただろう。

しかし2020年代の今、ネットやSNSの発達で情報発信の機会が爆発的に増えたからこそ、伝わる書き方の価値が高まっているのだ。

したがって私は、国語教育は難解な文章を一生懸命読み解く勉強をさせるのではなく、伝えたいことを端的・構造的に執筆する「文章力教育」に変えたほうが、社会全体に必要な「コミュニケーション能力」が格段に向上すると確信している。

本章で論じたことは、私が「書けない時期」に長く苦しんだ末に体得した「書き方」の基本的な教訓なので、本章は文章が苦手な人にとって、大いに参考にしていただけるのではないかと思っている。

それでは最後に、本章で学んだ7つの絶対ルールの重要なエッセンスを以下の2軸に割り振って、「書き方」マトリクスの各象限の特徴及び、改善法についておさらいをしよう。

〈文章力チェックのためのマトリクス〉

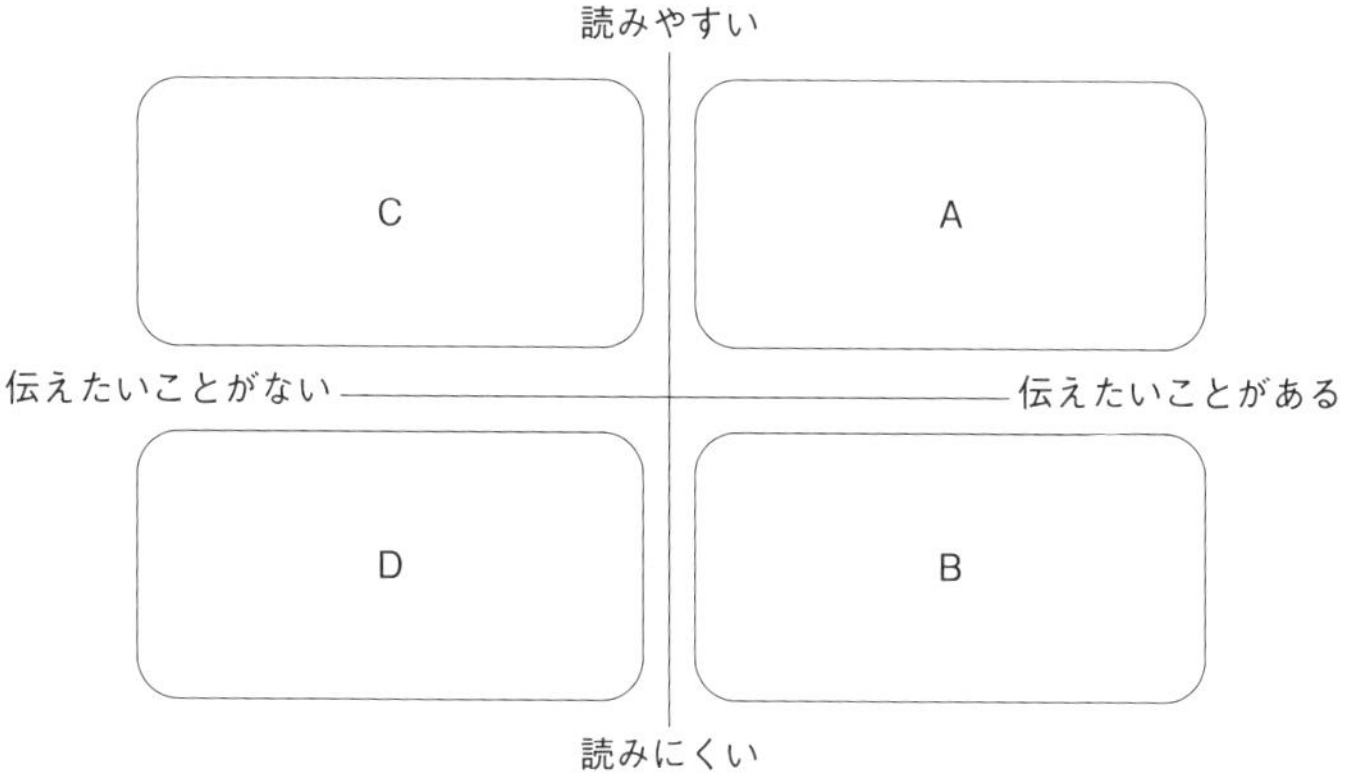

●読みやすいかどうか
●伝えたいことがあるかどうか

【A】読みやすいかどうか○
伝えたいことがあるかどうか○

文章を読みやすくするためには、構造と要約に徹底してこだわることが重要である。

具体例と、その具体例が意味する抽象的ポイントを巧みに織り交ぜ、何が言いたいのかを明確に伝えよう。最後は文章の無駄を徹底的にカットし、一字一句にこだわった匠の文章を目指すのだ。

内容に関しては、自由にトピックを選べる場合は、「これを伝えたい!」という強いイメージを込めて、読み手の関心ごとにつなげた文章を書こう。

また、自分ならではのユニークな体験や感動を盛り込み、オリジナリティを出してこそ、付加価値のあるコンテンツを紡ぎ出せる。そして、自分自身が書くことが楽しみで仕方なくなるくらいに、モチベーションを高めよう。

【B】読みやすいかどうか×　伝えたいことがあるかどうか◯

「これを伝えたい！」という強い思いがあり、独自の経験や感動に根ざした内容になっている。しかし、読みやすさに難があるのが、残念な文章力の特徴だ。

言いたいことは多いが文章のつながりや構造がない。そして、面白くても本筋と無関係な話がバラバラと入り乱れて、まとまりがなくなるのである。おまけにポイント不明な具体例が羅列されていたり、中身が不明な抽象論が無味乾燥に展開されていたりする。

このような状況にある方は、まずはストーリーラインとなる構造だけを読んで大意が伝わるかをチェックしよう。そして「伝えたいことに関係ない文章」を容赦なくカットして、一言で要約できるかにこだわろう。**一言で要約できてこそ、カットすべき関係ない文章が浮き彫りになる**ものなのである。

【C】読みやすいかどうか◯　伝えたいことがあるかどうか×

本人に特に伝えたいことはない。しかしお金のために、〝需要におもねったコンテンツ〟を発信し始める。しかしなまじ文章が読みやすく、表現力もあるため、たくさんの「いいね！」やシェアを集めて拡散していく。それをセンセーショナルなタイトルや見出しで釣り、PVを稼ぐ。

このような面白おかしく間違っているコンテンツは、大勢の人が実害を被るという点で、タチが悪い。**多くの人に読まれることだけを目的にする人は、目標設定の時点ですでにレベルが低すぎる**のだ。

このような状況にある方は、せっかく人に読んでもらえる文章力があるのだから、**アクセス数や販売部数以前の根本的価値**を考え、文章力を建設的な目的のために役立てることを考えよう。

【D】読みやすいかどうか × 伝えたいことがあるかどうか ×

読みにくい文章で、伝えたくもないことを、だらだらと書き綴る。このような恥ずかしい文章はまさに、大学時代に私が経験した、体育の単位不足を補うために書いた「体育と私」という「誰得トピック」の数万字手書きレポートではあるまいか。

しかし、まったく読まれず、「いいね！」やシェアもされないので、他者に与える損害はないという点で、実は前述のCより社会的実害は少ないと言っていいだろう。

ただ、もはや懲罰的な意味合いしかないため、文章嫌いを大量生産してしまうという意味で、ぜひ避けていただきたい残念無念な状況である。

しかし笑っていられないのは、**いろんな仕事の資料は実は、書いている本人も苦痛で、読む人も読み飛ばすものが大量にある**という現実だ。

こういうときは、書くトピック自体に意味はなくてもさまざまな意義や可能性を想像して、せめて内容を読みやすく書くモチベーションだけでも、自家発電するようにしよう。

第2章

プレゼンの絶対ルール

プレゼンの基本

プレゼン弱者の3大欠陥と、プレゼン強者の7大絶対ルール

なぜ、あの人のプレゼンは、すべての聴衆を「眠らせる力」があるのか

プレゼンテーション――これはあらゆるビジネスパーソンや学生にとって、重要な情報発信の機会だ。しかしながら、プレゼンに関して悩んでいる人は非常に多い。

やれ人前で緊張してしまう、やれ何を話したらいいのかわからない、やれ観客の反応が不安だ、やれ自分の話のつまらなさには絶大な自信がある……。そんなプレゼンテーションに関して、私がなぜ、皆さんにモノ申そうとしているのか?

私はこれまでの人生で、すさまじい回数、恐ろしく多様な場面で、人前で話す場数を踏んできた。中学・高校のころから、学園祭などではいつも司会を任されたし、大学のゼミでは研究内容はほぼ無意味だったものの、ユーモアを交えたプレゼンの面白さには定評があった。中国の北京大学や米国のスタンフォード大学に短期留学をしたときには、留学生を代表して中国語

と英語でスピーチをしていた。

世界80カ国から同級生が集まるＩＮＳＥＡＤでも、投票で卒業生代表スピーチを任されるファイナリスト数人に選ばれた。


社会人になってからは、コンサルティング、投資銀行、ＰＥファンド、ＭＢＡといったプレゼンの達人が集う業界で多数のプレゼンの機会をもち、プレゼン猛者たちにもまれた。そのため、プレゼンにおいてはそれなりに、信頼できる一家言というか、七家言を有している。

実際、フランスや香港、シンガポールでのＰＥファンドのプレゼン大会でも二度、私がベストプレゼンテーターに選ばれた。

働き方改革やＡＩカンファレンス、また複数の国での多くの企業内講演会でも、数多いる専門家を差し置いて、私のセッションがオーディエンスから最高評価を受けることが多い。

さらに極めつきは、結婚式の友人代表スピーチをこれまでに20回任され、そのうち19回は大成功を収めた。


これほど誇らしげに書きつらねれば、「**大したことない不審者に限って、何だか自慢がまし**

いなぁ」と、食傷気味に感じられたかもしれない。しかしこれは、**もとはといえばプレゼンが下手だった自分でも、失敗からの教訓を重ねてこのくらいはできるようになったということを意味する**。

ここは、プレゼン嫌いの方々を激励するために共有させていただいているのだと、御容赦願えれば幸いだ。

実際に私のプレゼンの習熟は、**私が不真面目でたいていのプレゼンなど聞きたくないからこそ、体得できたものである**。

集中力が皆無の私は、つまらないプレゼンを聞けば、たちまち集中力を失い眠ってしまう。いくら内容が良くても効率的で面白くなければ、すぐに戦意を喪失して、他のことを考え始めるのだ。脳内で好きなプロレスラーが戦いを繰り広げたり、かわいい熱帯魚がスイスイ泳いできたり、買い足したい椅子のことで頭が一杯になることもある。

つまり、**ダメな聴衆としての高いハードルとセンスを持っているがゆえに、「不真面目で飽きっぽい自分のような人間でも、聞く気になるプレゼン」の基本的な共通項が見えてきた**のだ。本章ではそんなプレゼンテーションの極意を共有させていただきたいと思う。

人を眠らせるプレゼンには、残念な文章に共通する3つの残念な特徴がある。

- **どうしても伝えたい、オリジナルな話がない**
- **聞き手が興味を感じないトピックを、ひたすら話す**
- **プレゼンの目的と要約が不明で、しかも単調**

最悪な事例では、聞き飽きたありきたりのトピックを、どれほど外しまくっても、すべりまくってもまったく気づかず、台本の棒読みのように話し続ける人がいる。これは会社の重役などに多い。

社内で文句を言える立場の人がいないため、自分がすべっていることに気づいていないのだ。そんなとき、聞き手は絶望的な思いでスマホの画面をのぞきながら、ただ時間が過ぎるのを待っている。

私は某外資系投資銀行に勤めていたとき、ロンドンから来たグローバルヘッドの講義中、こともあろうに最前列に座り、まさに目の前で眠りこけて怒られたことがある。しかし、タダでさえ寝不足でこき使われているのに、おまけに超絶つまらない講演を聞かせるなどは、もはやパワハラではなかろうか。

そんな大惨事になるくらいなら、事前に資料を配布して読んでもらったり、プレゼンを録画したビデオを送って見てもらったりしたほうが、よっぽどマシというものである。

なぜ、あの人のプレゼンは、人を「惹きつける力」があるのか

世界的なプレゼン強者の7大絶対ルール

これに対し、慶應義塾大学の恩師である竹中平蔵教授や、私がINSEADで師事したチャン・キム教授、以前にインタビューした投資家のジム・ロジャーズ氏など、世界的なプレゼンの達人には、共通する特徴がある。

それは、決して形式ばらずに、自分が伝えたいことと聴衆が聞きたいことが交差する内容を、謙虚な自信をもって話されることだ。

なお、聴衆が最も大切な情報を絶対に忘れないよう、プレゼンの目的を冒頭に伝えることも大切である。

実際に私は、自身のプレゼンでは、「**これから1時間お話ししますが、この3つのことだけ覚えておいていただければ、あとは忘れてしまっても大丈夫です**」と、冒頭に要約を伝えるようにしている。

そう言われたオーディエンスは「**ああ、3つだけ覚えておけばいいんだな」と安心して、俄然プレゼンを聞く意欲が湧く**。さらに自分自身も、絶対に伝えたい重要なポイントは何かを自問自答しながら話す準備ができるのだ。

こうした〝伝わるプレゼン〟には、誰にでも実践できる基本的なポイントがある。本章では、プレゼンの7つの絶対ルールを紐解いていこう。

【絶対ルール1】形式よりも「どうしても伝えたいこと」が重要
【絶対ルール2】相手の「自分ごと」に、伝えたいメッセージを結びつける
【絶対ルール3】「第一人者としての信頼感」を高める、謙虚な自信を示そう

【絶対ルール4】プレゼンの99%は、どうせ無意味だと開き直る
【絶対ルール5】資料を全力で用意して、全然使わない心がけ
【絶対ルール6】身近な話の「つかみ」を、必ず本論につなげる
【絶対ルール7】聴衆の「機会費用」を考え、プレゼンの価値を高めよう

絶対ルール
1

形式よりも「どうしても伝えたいこと」が重要

慶應弁論部の演説大会における、「幻の受賞」からの教訓

自由にトピックを選べる際、あらゆるプレゼンに臨むうえで第一に大切な基本は、自分はそもそも一番何を伝えたいのかという真摯な自問である。

英語の「speech」は、日本語では「演説」と訳されるが、結果的に「演じて話す」と誤解

されるようになったのでは、と私は思っている。「演説」という翻訳語を生み出したのはかの福澤諭吉であり、慶應義塾大学弁論部は、日本で最も歴史のある学生弁論団体だ。その経緯から、慶應弁論部の演説会は戊辰戦争の真っただ中といった雰囲気がある。

私は学生時代、弁論部に所属していたわけではないが、弁論大会の実行委員会を務めていた後輩から声をかけられ、２０００年末の「弁論部創設百周年」か何かの記念大会に飛び入りで参加したことがある。

他の参加者はいかにも明治維新の「弁士」といったいでたちで、はかま姿で登壇されていた。彼らは皆、威勢よく声を張り上げ、仰々しい言葉づかいで論説を繰り広げる。

私はそのとき、空気を読んでいないことを承知で、最も伝えたいと思ったことをスピーチした。

「スピーチは『演説』と訳されるからか『演じて説く』ものだと誤解している人が多いのではないでしょうか。今日の弁論大会での演説も、まるで伝統芸能のパフォーマンスのようで、迫力はあるものの、肝心の「どうしても伝えたい内容」が簡潔にわかりません。むしろ、**実は特に伝えたいことはないのではないでしょうか？　演技じみた発表よりも『伝えたい！』と思う**

ことをシンプルに、誠実に発表することが大切だと思います」

などと、いわば弁論部に対する批判を、率直に話したのだ。

ちなみにそのときも弁論部の人たちは、「**弁士に期待する〜!**」**というお決まりの応援を送ってくれた**。そしてその直後に、「期待の弁士である私」から散々文句を言われたにもかかわらず、これまた形式通りに拍手喝采してくれていた。ありがたいやら、呆れるやらで複雑な気持ちになったことを覚えている。

なおこれは余談だが、この弁論大会では私が最も審査員の票を集めたものの、帰省の前に立ち寄っていた私はさっさと新幹線に乗って京都に向かっていたため、幻の優勝となってしまった。

私はふらっと立ち寄り、いきなり批判したのに受賞したので意外だったのだが、思っていることや感じていることを正直に話すと、そのスピーチに言霊が宿り、意外と伝わるものだなと感心した覚えがある。

ちなみにこの件の、仕事へのインプリケーションは何だろうか？　それは、何かを売り込むときは、**本当に自分が素晴らしい商品ないしサービスだと信じ込めるものでないと、効果的な営業などできない**ということだ。

自分が顧客に売り込もうとしているサービスを、内心「実は大したことないのに高すぎる」などと思っていると、**自分を説得させられないものは他人も説得させられない**ものである。

中にはこれをわかったうえで、まずは自分自身をだまして、ともすれば詐欺的な商品を情熱的に売り込むことができる人も存在する。

しかしより本質的に重要なのは、自分が本当に自信と誇りをもってプレゼンできるサービスを提供するか、それができる会社で働くということであろう。

なお正直にどうしても伝えたい思いは、**朴訥でも雄弁に勝る**ものだ。

この話をするときに思い出すのが、私が学生時代に参加した韓国の慶熙《キョンヒ》大学校での短期プログラム後のスピーチである。まだ弱冠21歳だった割に口が達者ということで、プログラム終了後のスピーカーに指名された私は、恥ずかしいことに気負ってしまい、「感動的な話をしてやろう」などと思っていた。

しかし、いざスピーチのときは、今思えばありきたりの話を、自分の体験に基づかない借り物の言葉で話し、かなり上滑りして失敗してしまった。

それに対し、私の登壇の直後に、参加者の中で最も無口で、ちょっと周りからいじられるキャラだった、どちらかといえば言語コミュニケーションが苦手な朴訥な先輩が、搾り出すように聞きづらい声で一言、感謝の挨拶をしたのが、それはそれは感動的だったのだ。

そして自分は上手く話せないから、とステージ上に置いてあったピアノを演奏したのだが、この一見泥臭い風貌で無口だった彼が、朴訥な挨拶とすさまじく感動的な演奏をやってのけた鮮やかな対比と、そして満場の鳴りやまない拍手のシーンが、今も私の中で鮮明に残っている。

プレゼンの目的は情報提供だったり、激励だったり、感謝の表明だったり、行動の呼びかけだったりとさまざまだ。しかしどのようなときでも、**大げさな演出や小手先のテクニックよりも、変に気負わず演じない誠実さが重要である。**

本当に思い感じていることを自分の言葉で、一生懸命伝える誠意に勝る雄弁はないのだ。

〈教訓〉
どうしても伝えたいことを胸に手を当てて考え、誠実に伝えよう。雄弁さより、誠意が重要である。

絶対ルール

2

巨大投資会社の社長も、プレゼンは意外と滑りまくり？

相手の「自分ごと」に、伝えたいメッセージを結びつける

「What does this mean for you?（私の話している内容は、あなたにどのような意味を持つでしょうか？）」――これは英語のプレゼンでよく聞くフレーズで、自分のプレゼン内容を聴衆の自分ごとに結び付ける、非常にパワフルな一言である。

どれだけ誠実に準備しても、**相手の関心のあることを話さなければ、「刺さるプレゼン」にはならない**。これだけ多くの情報があふれる今、少しでも興味のない話をすれば、たちまち耳と心をシャットダウンされてしまうのがオチだ。

プレゼンを聴いた受け手に「自分ごと」だと思ってもらうために第一に重要なのは、**「相手のニーズを自分は理解している」ということを、先方に示すことだ。**

特に忙しい人は的外れなプレゼンに時間を割きたくないので、真っ先に自分は的をわかっていて、そこに当たるような話をするのだという安心感を与えることが必要である。

某大手グローバル企業の取締役会で、世界中の支社のCFO（最高財務責任者）が集う場でプレゼンを行うことになったときは、親交のあったその企業の有力者の一人と連絡を取り、入念にミーティングを重ねた。

そこで、経営陣が関心を持っているトピックはどんなことなのか、そこにどんな価値や課題を感じているのか、社内ではどんな議論が行われているかなどをヒアリングしたうえで準備をした。

そしてプレゼンの当日には、「**皆さんがこのトピックについて関心があることはわかっています。私はこれから、そのために役立つ情報をお話ししますよ**」ということを、冒頭で話した。最初にこう聞いたオーディエンスは、自分たちのニーズを把握してくれているんだなと安心し、前のめりで耳を傾けてくれる。

このときはグローバルオフィスの幹部が集まる取締役会でのプレゼンだったが、相手の関心事を把握して、付加価値がある情報を届けたいという配慮は、どのようなオーディエンスにも伝わるものである。

相手にプレゼンを聴いてもらうために第二に重要なのは、**「そのプレゼンが相手にどう関係があるのか」を先に説明し、逐一プレゼンをそれに紐づける**ことだ。

以前、とある海外の巨大な投資会社の社長を某国の政府関係者に引き合わせた際、社長がその政府要人が聞きたいことを無視して、ひたすら自分の会社の魅力や投資戦略をとうとうと話し出したときは、紹介した身としてやきもきしたものである。

相手は完全に「それが私にとってどんな意味があるのだ？」と困惑しているのに、社内や投資家に対して話すピッチ内容を、初対面の政府要人にひたすらプレゼンしてしまっていたのだ。

そこで私は彼のメンツを保つ配慮をしながらも、合いの手でそれがその要人の政府での仕事にどう役立つかに絡めたコメントを加えて、なんとか間を取り持ったものである。この手の失敗は「社内で進言する人がいない重役」に結構多かったりする。

あらゆるプレゼンで重要なのは、**相手がどんなことに関心があるかを理解し、それに関連づけたプレゼンを行う**ことなのだ。

プレゼンを聴いてもらうために第三に重要なのは、**相手の理解レベルに合わせて話を調整すること**である。

私は大変光栄なことに、竹中平蔵教授の大学の授業に招かれ、さまざまな国々の留学生を相手に、英語で講義をすることがある。その場には日本人学生で英語が得意でない学生たちも参加するうえ、一人ひとりの英語力や経済・金融トピックの理解力も異なるので、話し手としての力量が問われる。

そんなとき、教室の後ろのほうにはたいてい、英語が苦手な人が座っているので、後方に歩いて行ったときは、日本語で逐次通訳しながら話すこともある。英語ができないからといって放置しないという姿勢と誠意を伝えるためだ。

また、内容も聴衆に合わせて調整する。私は、大学生向けの講演会では「自分だからこそ話せること」を意識して、投資銀行・公開株投資・ＰＥファンドなど自分自身の経験に基づく一次情報としての教訓を話すようにしている。

そして、その教訓を、学生さんの関心事項である「自分のキャリアや人生にどう関係があるのか」に紐づけることで、ほかの金融・経済専門家との差別化を図っているのだ。

プレゼンをするときは必ず、相手やステークホルダーにとっての「自分ごと」に結びつけよう。そして内容や情報のレベル感は、その目的や相手によって調整し、誠意を見せることが重要なのである。

教訓

聴衆のニーズを考えよう。そしてそれを理解していることを示してプレゼン内容を紐づけ、オーディエンスの理解レベルに合わせよう。

絶対ルール

3

プレゼンで信頼を得るための、適切な自己PRとは?

「第一人者としての信頼感」を高める、謙虚な自信を示そう

人はそもそも、信頼している人からの話しか、聞きたくないものである。プレゼンのときには、オーディエンスに「この分野なら、あなたの話を聞いてみたい」と思ってもらうことが重要だ。人は自分の関心のあるテーマについて、実績を持つ第一人者、**自分より知識や経験のある人から話を聞きたい**と思うからだ。

したがってプレゼンで信頼感を得るうえで第一に重要なのは、**「その分野の第一人者」としてのオーソリティ(権威)を示すこと**だ。もちろんはったりで第一人者ぶるのは詐欺師だが、本当に第一人者なのであれば、きちんと説明して信頼感を出そう。

以前、とある日本の大企業向けにAI関連のカンファレンスを開催するために、その分野で

は世界トップレベルの大学の博士号を取得したデータサイエンティストの友人を招いたことがある。

ノルウェー人の彼女は、「日本人は謙遜を美徳としている」という情報をどこからか耳にしたようで、プレゼンを始めるやいなや、「ＡＩについては皆さんもすでによくご存じで、私の話なんて大して役に立たないと思いますが……」と話し始めた。

その後もさらに自分を不当に虐待し続けたので、**彼女のオーソリティを実力以下にかなりディスカウントしてしまっていた**ものである。

しかし人は、その分野のオーソリティから話を聞きたがるのだから、きちんと聴いてもらうためにも、「自分が信頼できる第一人者である理由」を、自信をもって説明すべきなのである。

信頼感を得るうえで第二に重要なのは、間違っても**上から目線でマウンティングしようとしない**ことだ。かつてゴールドマン・サックスと日本の某大手銀行で役職者に上り詰めた人物が、起業家として投資家の前でプレゼンを行ったときのことである。

彼は自分がいかに活躍してきたか、過去の栄光を引きずった自慢話を延々と続け、オーディエンスは皆、死んだ魚のような目になっていた。

しかも、スタートアップの仕事はそうした経歴とはあまり関連がなかったにもかかわらず「そんなスゴイ私が、君たちに教え諭してあげよう」という昭和仕込みの上から目線だったので、スタートアップ界隈《かいわい》のミレニアル世代が、ドン引きしていたのだ。

下手に謙遜しすぎてもダメだが、逆に偉そうに大上段からモノ申しても、よろしくない。**「他のことは何もできませんが、この分野に限って言えば、自信をもってお話しできますよ」**という、「謙虚な自信」を示すことが大切なのだ。

なお、この意味で第三に重要なのは、**「自分をどの分野の第一人者と思ってもらうか」という、常日頃のブランディング**である。自己紹介するまでもなく、自分の名前を聞いたら、人様にどのようなことを思い浮かべてもらえるだろうか。

言い換えれば、**どのようなニーズを人が感じたときに、ソリューションとして自分のことを思い浮かべてもらえるか**を考えることが大切だ。

そのためには「何をお任せするなら何々さん」という、自分のハッシュタグを考えよう。仮に自分をグーグルで検索するとしたら、どのような3つの単語の検索結果で、自分が真っ先に出てきてほしいだろうか？

ちなみにそんなことを言っている私自身が、**投資**（公開株・プライベートエクイティ）×**企業イノベーション支援**（ブルー・オーシャン戦略導入及び海外ＡＩ・ブロックチェーン企業への投資支援）×**グローバル人材採用・研修**などと複数携わってきたため、「自分のブランディングこそ心配されたらいかがですか」とクスクス笑われるかもしれない。

しかしひと言で言えば要するに、上記３分野に特化した企業のグローバル化支援を、４カ国語（日・韓・中・英）と20年のグローバルキャリア、そして80カ国の人脈を活かして手伝わせていただいているということである。

ともあれ、プレゼンで最も重要な要素の一つは、聴衆から信頼を得ることであり、そのためには謙虚な自信と、その分野の第一人者だと思ってもらうことが重要なのだ。

教訓

謙虚な自信を示しつつ、自分自身を「どのような分野の第一人者」と認識してもらうかを考えよう。

絶対ルール

4

プレゼンの99%は、どうせ無意味だと開き直る

緊張に負けない3つのテクニックとは?

プレゼンでは、話し手の「緊張感に負けない自信」も重要だ。

一般的に「人前で話すのは緊張して苦手」だという人は多いが、それは決して恥ずかしいことではない。米スタンフォード大学MBAの教授によれば、スピーチ好きなイメージのあるアメリカ人でさえ、その調査では**9割以上の人が「人前で話すのは緊張する」**と答えている。

それでは、どうしたら緊張しないで、堂々と話せるようになるのか。

私もかつては、プレゼン前にナーバスになることがあったが、3つのことを実践するようになった今は、ほぼ100%の確率で堂々と話せるようになった。

プレゼンで緊張しないために第一に重要なのは、**「このトピックなら、自分の話にはユニークな付加価値がある」と自負できるような準備をする**ことだ。

プレゼンで緊張したり、自信が持てなかったりするのは、「オーディエンスにとって自分ならではの付加価値がある情報を発信できるだろうか」という不安があるときだ。その不安を払拭するには、「こんなユニークな話、他にはないはずだ！」と思える準備をするしかない。

前述の、某大手グローバル企業の役員が世界中から集まる会議で2時間、昨今の世界情勢について話してほしいとの依頼を受けたときは、さすがに困ったものである。**世界中から集まる各々の国からの役員のほうが、各国事情に詳しいのは明らかだからだ**。

そこで私は、2週間の間に主要15カ国に住む友人に電話をかけ、1人1時間ずつヒアリングを行った。そして、その内容を横断的に分析して発表した。

世界中の友人に電話をかけまくり、話を聞きまくり、徹底して分析したことで、「一国の事情に関してはオーディエンスのほうが詳しくても、グローバルでの相対的比較論についてなら、私のほうが詳しい」「自分以外に過去2週間でここまでやった人はいないだろう」と思えて、それが自信の源泉となった。

同様に私が困ったのが、**数百名の著名な医師の前で、「ビジネスパーソンの健康法」に関し**

て講演をする羽目になったときだ。これは、世界トップクラスの名医50人にインタビューしながら制作した私の著書『最強の健康法』（SBクリエイティブ）執筆の過程で、内容の正確性を担保するべく、順天堂大学教授の堀江重郎氏に監修をお願いした縁がきっかけだ。その堀江氏が理事長を務める大きな学会で、私がプレゼンテーションをすることになったのである。

ここでも私は、手ごわい聴衆に対するプレゼンで非常に高い評価を受けることができた。その秘訣は**「自分だからこそ付加価値の出せるトピック」と、医師の関心事項を上手くつなげたから**である。

具体的には、「ビジネスパーソンが100人の医師と会ってわかった、怪しいヤブ医者の特徴」と題し、「ビジネスパーソンの信頼感を得るには、これはダメ」というポイントにつなげて話を組み立てたのだ。

そうすることで、「相手は健康の専門家だが、この切り口で話せるユニークな体験がある人は私しかいないだろう」という、「手ごわい聴衆に対してプレゼンする自信」を得ることができたのである。

プレゼンで緊張しないために第二に重要なのは、**「自分のベストの声で話す」**ことだ。

特に空気をたっぷり吐き出しながらの腹式呼吸の「いい声」は、自分への自信を高める効果もある。手ごわい聴衆を前にしたプレゼン前に緊張していても、低い声で「あ〜」と3回発声練習し、自分の落ち着いた声を聴いてみよう。するとその腹式呼吸による声のトーンが、実際に自分を落ち着かせるのだ。

逆に間違っても機関銃のような速さで上ずった声で早口で話してはならない。すると、**その焦った声を聴いてさらに焦ってしまい、その焦りが観客にも伝わって、いたたまれないプレゼンになってしまう**からだ。

プレゼンを聞いていると、印象を決める要素は内容に関してが1割未満で、話し方や外見のほうが強く印象に残るとすらいわれている。

確かに講演やパネルディスカッションなどで、**いい声で落ち着いたトーンで目を見ながら話されると、よくよく聞くと話の内容は大したことないのだが、なんだか「ありがたい話」をされた気分になってしまう**ものである。

実際に証券アナリストでも、投資判断にはまったく役に立たないのだが、魅力的で面白い話し方のおかげで、人気ランキングが高い人もいる。逆に言えば、話が退屈なのに人気が高いアナリストは、本当の実力者であることが多い。

話す中身が商品やサービスだとしたら、話し方は包装紙であり、ブランド戦略でもある。くれぐれも「自分というブランドのインターフェイス」としてふさわしい、「自分と聴衆を安心させる声」でプレゼンをしよう。

そして最後に、プレゼンで緊張しないために第三に重要なのは、実は「**開き直る**」ということである。

これまでさまざまな場で、数え切れないほどのプレゼンを聞いてきたが、本当に面白い、有益だと思えたプレゼンは、正直ごくわずかではないか。

しかも、内容を覚えているかといえば、大部分は忘れてしまっている。

9割方のプレゼンはつまらないし、1割の価値あるプレゼンも、内容の9割は忘れられる。ざっと計算して、**どうせ1%しか記憶に残らず、99%は忘れ去られる――**。

最後にはこう開き直れば、ずいぶんリラックスしてプレゼンに挑めるものである。

〈教訓〉

「自分の話にはユニークな付加価値がある」と思えるまで準備しよう。そして自分のベストの声で自分を落ち着け、最後は「99%のプレゼンは意味がない」と開き直ろう。

絶対ルール

5

資料を全力で用意して、全然使わない心がけ

信頼関係を醸成するプレゼンが重要

プレゼンは、単に情報を伝えるためのものではない。情報を伝えるためだけであれば、文書や動画を渡したほうが効率的である。これに対し、プレゼンだからこそ実現できる価値は、双方向形式にして信頼感を醸成することだ。

プレゼンで信頼感を得る形式として第一に大切なのは、言われ尽くしているポイントではあるが、**間違っても資料の棒読みをしないこと**だ。

私自身、新卒投資銀行時代に驚いたことがある。某政府系銀行から転職してきた官僚的な本部長が、部下たちが徹夜も辞せずに仕上げた渾身のプレゼン資料を、ただひたすら念仏のようにブツブツ読み続けていたのだ。

顔は手元の資料に向けたまま、顧客のほうを見ようともしない。

身振り手振りも一切なく、抑揚のない退屈な声でボソボソと続く棒読みプレゼンにより、それまでの部下たちの努力は完全に水泡に帰していた。**どれほど素晴らしい渾身のプレゼン資料を準備しても、それを読み上げる上司の単調な朗読で、すべてが台無しになってしまう**のだ。

こういう壊滅的なプレゼンをするのは、真面目な秀才タイプに多い。自分はどれほどつまらないプレゼンでも真面目に聞いて学べてしまうので、自分のプレゼンのヤバさに気づけないのだ。

またダラダラと資料を読むとどうしても、文字を追うことに集中してしまうし、聴衆の反応をうかがう余裕もなくなる。

結果的に自分以外は皆寝ているか、スマホを見ているか、ひどいときはすでに全員帰ってしまっていることに、気づかないのだ。

プレゼン形式で第二に重要なのは、プレゼン資料は全力で作るのだが、プレゼン資料には頼らないことである。某PEファンドの私が尊敬するボスのプレゼンには、相手のハートと信頼を獲得する神通力が宿っていた。彼は顧客としっかりアイコンタクトを取り、ジェスチャーを交えながら、落ち着いた声のトーンで情熱的に語りかける。

しかもそのボスは、**資料は用意するものの、いざ顧客の前でのプレゼンとなると、ページを一枚たりともめくりはしなかった。**資料を作成する段階では、細かな指示を出し、部下に何度も修正をさせるにもかかわらずだ。

あるとき、私は「これだけ練った資料を、どうしていつも使わないんですか」「どうせ使わないなら、用意するだけ無駄じゃないですか」と聞いてみた。するとそのボスには、「ムーギー、何を言ってるんだ」とたしなめられた。

「最初のプレゼンで資料を使わないのは基本なんだ。プレゼンは相手の目を見ながら、魂同士でやり合い、信頼を結ぶためのものだ」**「資料は不測の事態に備えて一応は持っておくが、あくまで緊急用なんだ」**と。それを聞いた私は、「なるほど」と感心したものだ。

私もプレゼンや講演のときには資料はほとんど用意せず、事前にストーリーラインと重要な3つのポイントだけを頭に入れておく。これは、実は私が面倒臭がりだからだが、この副産物としてプレゼンが上手くなるのだ。

というのも、資料に頼れないので、内容を覚えるしかなく、するとより深く内容を理解するようになるし、プレゼンの重点やメリハリもつかめるようになるからだ。

もちろん人によって脳の個性が違うので、結局は自身に合うアプローチを選ぶのが重要だ。しかし総じて**何かをやらないと決めると、それを補うべく脳は他の機能を強化するというのは、よく知られた脳科学の事実**である。

逆になまじ資料に頼りすぎると、冒頭の本部長のように、ひたすら読むことに終始してしまう。これではもとから弱いプレゼン能力が、ますます退化の一途をたどってしまうだろう。

考えてみれば、昔の人は資料もマイクもなしに、大勢を説得したはずだ。

毎日過酷なトレーニングをして素手で戦い、観客を沸かせる格闘家のように、全力で資料を用意しても決して棒読みしたりせず、話の骨子を覚えたうえでプレゼンに挑もう。

〈教訓〉
プレゼン資料の要約は頭に入れ、資料がなくても内容を話せるという状態でプレゼンに臨もう。

絶対ルール 6

香港・シンガポール・フランスのプレゼン大会で絶賛された秘訣

身近な話の「つかみ」を、必ず本論につなげる

プレゼンでは、本論につながる小話で、聴衆を楽しませることも大切だ。ユーモアを含め、相手を楽しませると自分を好意的に見てもらえるので、仕事もやりやすくなる。そのユーモアが教訓やメッセージにつながっていれば、効果もひとしおである。

効果的な「つかみ」として有効なのは、身近な経験をプレゼンの導入にすることだ。私はこれまで、さまざまな国で開かれるPEファンドのプレゼン大会に参加してきた。そのうち、シンガポールと香港では、ベストプレゼンターに選ばれている。私がこのような場で意識しているのは、**自分の体験をネタにした小話で、読者の気持ちを和らげつつ、本筋に引き込む**ことである。

たとえば、シンガポールでのプレゼン大会では、シンガポールに発つ前に、東京の羽田空港へ向かうタクシーの車中で交わした運転手との会話を生かした。

「空港に向かうタクシーの中で、運転手さんに『景気はどうです?』と聞いてみたら、『落ち込んでますねえ。お客さんは減っているし、報道されているよりも実体経済は悪いんじゃないですかねえ』という答えが返ってきて、『そうか、大変だなあ』と思ったんです。ただこれは、バイアウトファンドの投資家にとっては、非常にいい機運です。なぜなら、不採算部門の売却につながるからです」という具合だ。

また、フランスのプレゼン大会では、プライベートのネタを織り込んだ。

「フランスに来る前に、私の彼女に『香水をお土産に買ってきて』と頼まれたんですよ。これには私、とても困りました。なぜなら、今は円が弱くなってしまって、ユーロ立てで買うと高くつくんですよね。ただ、私にとってはひどい話ですけども、日本企業への投資をユーロ建てで考えている皆さんにとっては、絶好の機会ですよ」

PEファンドのプレゼン大会では、経済状況や自分のファンドの特徴的な戦略などを、生真面目に訴える人が多い。誰が出てきても同じような内容ばかりで、オーディエンスは正直、聞き飽きてしまう。

そこへ、タクシー運転手や彼女の話が出てくると、最初は「この人、頭がおかしいのか？何の話をしているんだ？」と怪訝《けげん》に思われる。しかし、それがプレゼンの本筋につながってくると、「なるほど、この伏線だったか」と、印象は一転する。おまけに他の堅苦しい話し手とは違って、愛嬌のある親しみやすい話し手だと親近感を持ってもらえるのだ。

しかも**出だしのユーモア部分で仮にすべっても、「この本筋の導入であり、決して滑ったわけではない」と、メンツを保つことができる**。

これに対し、**プレゼンの「つかみ」で大失敗するのは、まったく実感のこもっていないご当地ネタを持ち出し、さらにそれが本論にまったくつながっていないときだ。**

以前、栃木県下の中学校、高等学校の教師が500人ほど集まる研修会で、我が母であるミセス・パンプキンと、「一流の育て方」の講演をしたときの出来事だ。

講演前に担当者の方と打ち合わせをしたところ「冒頭で、地元ネタの餃子の話をされてはいかがですか？」と提案された。「栃木では『ぎょうざ専門店 正嗣』派と『宇都宮みんみん』派の2大派閥があるんですよ。それを話題にしたら、きっとウケますよ」と。

私は栃木での講演はそのときが初めてで、餃子が大好きというわけでもない。それでも、せっかくアドバイスをくれた担当者に従って、ご当地ネタの挨拶から講演を始めた。

「えー、私は餃子が好きでして、どちらかというとみんみん派で……」

一応、そう言ってはみたものの、言葉には力も思いもまったくこもらず、嘘臭さと「なんでこんなことを言わなアカンのや……」という当惑がにじみ出てしまった。**しかもその餃子の御当地ネタは、その後の「子どもの育て方」の本筋にどう頑張ってもピクリともつながらないのだ。**

そのおかげで、どっちらけモードのアウェイ状態から講演をスタートする羽目になった。あのときのシーンと静まり返った会場は、今でも忘れることができない。

人からの助言を聞くことも大切だが、**つかみに関しては自分の正直な感想に基づいて話す**ようにしよう。

ちなみに、ウケを狙いすぎると、関心を引くどころか、単にドン引きされてしまうこともあるので要注意だ。

先のフランスでの大会に参加していた北欧のとあるファンドマネジャーは、あろうことか突然踊り出し、ラップ調でプレゼンを始めた。もはや何を言っているのかまったくわからず、「バイアウト！　バイアウト！　ウェ〜イ‼」といったコールに瞬間的には盛り上がったものの、オーソリティや信頼感は皆無であった。

いくらオーディエンスを楽しませるといっても、そのパフォーマンスが本質的メッセージにつながっていないと、単なる悪ふざけで終わってしまうので、くれぐれも注意しよう。

〈教訓〉
冒頭の「つかみ」を、本質的なメッセージにつなげよう。オーディエンスを楽しませて親しみを感じてもらってこそ、共感度や理解度が高まる。

絶対ルール 7
わざわざその場にいてくれた人が、報われるプレゼンを 聴衆の「機会費用」を考え、プレゼンの価値を高めよう

プレゼンをするときに強く意識しなければいけないのは、オーディエンスにとっての「機会費用」の高さ及び、それを上回る「プレゼンの価値」を実現することだ。

第一に、自分のプレゼンを聴く**オーディエンスにとっての機会費用**を考えることが重要だ。無料動画が潤沢に提供されている今の時代、YouTubeやTED Talks、Tik Tokといった動画サイトを見れば、無料で役立つコンテンツ、面白いコンテンツがいくらでも楽しめる。

世界中の人々を魅了する起業家のプレゼンも、世界有数の名門大学の人気教授の講義も、アイドルのかわいらしいパフォーマンスも、すべてタダで見ることができるのだ。

おまけに自分の好みに合わせてグーグルやYouTubeがレコメンドしてくれるうえ、退屈ならばすぐにカットして、他に移ることができる。

ニーズに合致した、非常に質の高いコンテンツがいくらでも無料で見られる中、大勢の聴衆がその場を離れるわけにもいかず30分なり1時間なりを拘束されるという、プレゼンを聞かされる人にとっての精神的コストを考えてみよう。

そして第二に、**ライブ感や一体感といった、プレゼンだからこその価値を実現すること**が重要である。プレゼンは情報の網羅性では文書や動画に負けるかもしれない。

しかしどれほど質の良い動画でも提供不可能なのは、そこにいるオーディエンスとの双方向コミュニケーションと、空間を共有することでこそ生じるライブ感や一体感だ。

逆にこれをしないのであれば、それはプレゼンである必要はなく、文書配布や動画のストリーミングで事足りる話なのである。

そして第三に、**自分のプレゼンの値段を考える**ことが重要だ。特に自分のプレゼンを聞かされる人が忙しいほど、また多いほど、高いコストが発生していると自戒しなければならない。

私がプレゼンを行うときには、オーディエンスが1000人いたとしたら、たとえば1人あたりの時給を5000円として「**500万円以上の価値のある話をしなければいけない**」と**自分を戒める**ようにしている。

できているかどうかは別として、「今現在、世界で行われているプレゼンの中で、最高の時間を聴衆に提供しよう」と、実は内心、自分に言い聞かせていたりもする。

このように、自分のプレゼンを聴きに来てくれるオーディエンスの機会費用の高さを意識していれば、申し訳なくて「それなりのプレゼン」などはできないはずである。

そして最後に、**謙虚な姿勢でプレゼンに全力を尽くす**ことも忘れてはならない。

実は、非常に著名な経営者や専門家とともに講演をする機会に恵まれても、時折がっかりすることがある。**何を伝えたいのかよくわからず、おそらく伝えたいこともなく、そもそもオーディエンスへの敬意がない**のだ。

そこには「ワタシに会えるだけで嬉しいでしょ?」といった不遜な態度が透けて見える。

そんなときは、その傲慢さを見て我が身の襟を正すとともに、**「日ごろから大したことのない話をしてもいい相手としか接してないから、こんなに薄っぺらい話をしても罪悪感がないのではないか？」**と思えてしまう。

面白いコンテンツを素晴らしい画質と音質で、無料で見られるご時世、多くの人の時間を拘束してしまうプレゼンをするからには、**プレゼンを聴く人の機会費用を上回る価値を提供しなければならない**。

あとは資料を見たり動画を見たりしても絶対に代替することができない、現場のライブ感と双方向感を最大限重視する。

こうして「そのプレゼンの場にいた人が、いなかった人よりも報われる時間」を過ごせるように尽力する必要があるのだ。

教訓

プレゼンの価値を高めるべく、プレゼンの目的と要約を端的に伝え、双方向性とライブ感を重視しよう。

コラム

結婚式のスピーチでバレる、プレゼン能力の水準とは？

ニーズを無視したわかりにくい、「恥ずかしいプレゼン」をしないために

仕事の場面に限らず、私たちは日常生活でさまざまな〝プレゼン〟をお願いされたり、振られたりする。

たとえば、友人に呼ばれた交流会でいきなり「1人1分で自己紹介をしてください」と言われることもあるだろうし、年末の忘年会なら「来年の抱負を」などとお願いされることもあるだろう。

こんなとき、いきなり振られた衝撃から、アワアワフゴフゴと名前と職業だけなんとか言うだけで、何の印象にも残らない人が非常に多い。

抱負に関しては、言うことがないので適当に「来年は5キロ痩せることを皆さんにお約束します！」などと、〝こちらとしては破っていただいても何の問題もない、それはそれはしょうもない抱負〟で大いに滑ってしまう人が多いのも、年末の会合の風物詩ではなかろうか。

ちなみに私は会合などに行くと、即興で「ではムーギーさん、乾杯の挨拶を」「締めの一言を」「何か講評を」などと突然振られることも多い。

これは多少自慢なのだが、私はそんなときのスピーチを「これ、本当に即興？」という完成度で披露することができる。これは別に私が天才だからではない。往年のアントニオ猪木選手ではないが、〝いつ何時、誰の挑戦でも受ける！〟のスピリットで、〝いつ何時、誰に振られてもプレゼンをする！〟をモットーとしているのだ。

そもそも人がたくさんいるところに呼ばれたら、「何か振られそうな気配」を感じる前に、「今何かお願いされても話せる3分挨拶や講評」を常に考えているからこそ、できる芸当なのである。

さて、仕事を離れた場で、多くの人にとって最大級の一大プレゼンテーションと言えば、やはり結婚式の友人代表スピーチではなかろうか。

私の最大の特技が、なんといっても結婚式の友人代表スピーチである。「どんだけおめでたい趣味なんだ」とクスクス笑われてしまいそうだが、実に20回以上、いろんな国で結婚式のスピーチをこなしてきた。

その勝率は高く19勝1敗、滑ったのは1回だけ。実に9割5分の勝率を誇っている。

中にはよく知らないほぼ他人の結婚スピーチも頼まれたが、それでも大勝利を収めてきたのは、まさに私が本章で論じてきた教訓を活かすようにしているからである。

以下では、そんな豊富な「結婚式スピーチ」を題材に、本章で論じた「プレゼンの絶対ルール」の重要なエッセンスを以下の2軸に割り振って、「プレゼン」マトリクスの各象限の特徴及び、改善法についておさらいをしよう。

● オーディエンスのニーズを踏まえているか

● 伝える努力をしているか（誠実さ・楽しさ・ライブ感）

【A】ニーズを踏まえているか◯
　伝える努力をしているか（正直さ・楽しさ・ライブ感）◯

結婚式スピーチに求められるのは、新郎新婦、その親族を、伝えたい本音で祝福することである。またオーディエンスのニーズを考えて、新郎新婦の優れた本質を紹介し、またこれまで愛情を注いで育ててこられたご両親に敬意を伝えることも重要だ。

自分だからこそ語れる新郎新婦の本質的な一面を、真心込めて伝えよう。間違っても原稿を

〈プレゼン力《りょく》チェックのためのマトリクス〉

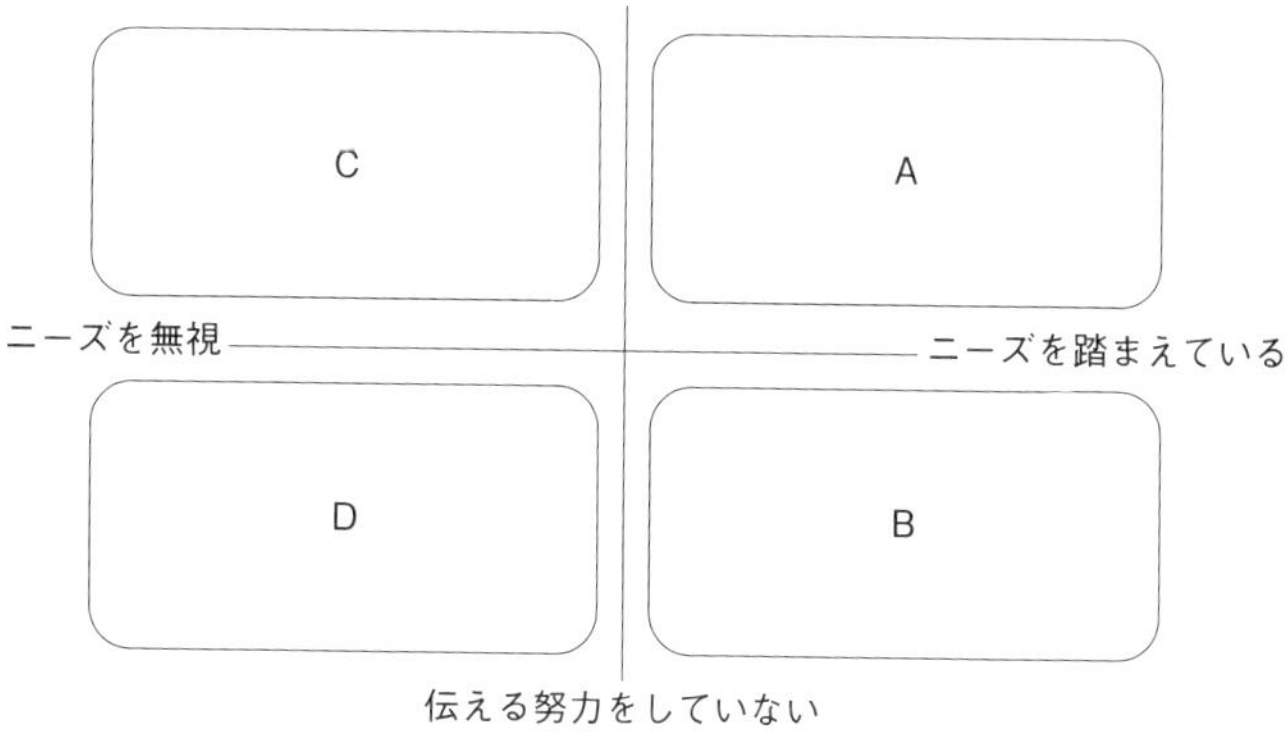

棒読みするようなことはせず、自分だからこそ語れるストーリーで、聴衆を楽しませよう。そして、出席していた人だけが感じることのできる、ライブ感のある祝賀の辞を送ろう。

たくさん友人や上司がいる中から、「自分を選んだからこそ結婚式がさらに良くなった」と思われるような貢献ができるように心がけよう。そして参加者全員にとって今後何十年も思い出に残る、スペシャルな5分間をプレゼントしよう。

このように、「このスピーチで果たしうるベストな状態は何か」を、目線を高めて考えることが、さらなる高みを目指すうえで重要なのである。

【B】ニーズを踏まえているか◯

伝える努力をしているか（正直さ・楽しさ・

ライブ感）×

少し残念な結婚式スピーチにありがちなのは、2人の馴れ初めから人柄、結婚生活の助言まで、典型的に求められているポイントは押さえているのだが、**ユニークさや情熱、楽しさに欠け、ありきたりな祝辞に終始**してしまうことだ。

古今東西の結婚式のスピーチ集などで紹介されている名言や教訓を、オドオド緊張しながら自信なさげに話したり、「彼はとても優秀で性格も良く……」など具体的なエピソードを一切まじえずに褒めそやしたりするのも、聴いていて白々しい。

こういう状況にある方は、「結婚式のスピーチはこうあるべき」という形式的な思い込みから自分を解放することが重要だ。

そして、**自分自身が楽しめていないスピーチは他人を楽しませることができないという基本を思い起こそう。**本当に思い感じていることを正直・誠実に言葉にしたほうが、スピーチに言《こと》霊《だま》が宿って、聴衆に思いが伝わるものなのだ。

【C】ニーズを踏まえているか×

伝える努力をしているか（正直さ・楽しさ・ライブ感）〇

このカテゴリーの残念な結婚式スピーチを端的に表現すると、「お調子者のスピーチ」と言えるだろう。持ち前のサービス精神を発揮して、とにかく盛り上げようとするものの、結婚式というニーズにまったく合っていないため、場の空気を凍らせたりしてしまう。

たとえば新郎の上司が、新郎の仕事の失敗談を披露することがある。その失敗をこんなふうに乗り越えて成長したという、ポジティブなエピソードにつなげるのならいいのだが、ただひたすら失敗談に終始して、新郎の人格までこき下ろし始める。

しまいには、ただただウケを狙って自信満々に下ネタを連発したり、一人楽しげに下品な宴会芸を披露したりするのも、新郎新婦やご両親といったオーディエンスのニーズを無視して暴走する、恥ずかしいスピーチの典型例だ。

こういう状況にある方は、結婚式の参加者、とりわけその日が特別な日である新郎新婦とそのご両親にとって望ましいことを考えたうえで、そのスピーチで実現しうることは何なのかを、高く広い視点で再考しよう。

【D】ニーズを踏まえているか ×
　伝える努力をしているか（正直さ・楽しさ・ライブ感）×

オーディエンスのニーズをまったく踏まえず、退屈で的外れな独演会を始める。新郎新婦やご家族を祝福したり、参列者を楽しませようという配慮もない。これが、最も恥ずかしすぎる、残念無念な結婚スピーチの特徴だ。

私がこれまで聞いた中でも抜群に酷かったのが、新郎の大学時代の恩師にあたる、開発経済学者のスピーチだった。

まるで大学の講義そのものの内容を、実に20分くらい延々と話し続ける。しかも、ほとんど聞き取れない声でボソボソと話し、周囲の困惑や「早くやめてほしい」という空気にはまったく気づかない。

きっと普段の講義でも、学生たちはこの大家の話を聞かずに、スマホをいじったり、寝ていたりするのだろう。**そんな冷たい反応に慣れている教授は、聴衆の反応に焦ってスピーチを切り上げるセンサーも、絶賛故障中である。**

こういうときは、そもそもこのような空気を読まない傾向にある人を、重要なプレゼンテーターに選ばない勇断が重要である。

たとえ義理で顔を立てなければならない相手であろうと、できれば祝電程度に切り替えて、乾杯の時間が3分以上延びないように、くれぐれも気をつけよう。

第3章

会話の絶対ルール

会話の基本

つまらない会話の3大欠陥と、会話上手の7大絶対ルール

なぜ、あの人の会話は、「一方通行」で盛り上がらないのか

第1章では文章の基本、第2章ではプレゼンの基本についてまとめてきたが、最も身近で重要となる発信の場が「会話」ではなかろうか。

私たちは毎日、さまざまな場で、多くの会話を交わしている。それがちょっとした雑談であっても、非常に多くのことが発信されている。

何気ない一言や話し方から、相手への関心や興味、信頼感、礼儀や配慮などの有無のほか、その人自身の教養や品格、国際感覚やバランス感覚などの有無まで、実にさまざまなことが知らず知らずのうちに発信されているのだ。

それだけ重要なコミュニケーションである会話だが、雑談が苦手、思うように会話が続かない、自分が話すと場がしらけるといった悩みを聞くことは少なくない。

パーティなどで雑談ができず、かといって暇でポツンとするのが心苦しくて、会場の片隅でせっせと料理（たいていローストビーフや寿司）を食べることに専念している**「壁際ローストビーフ・オジサン」**になっている人もよく見かける。

ところで、私がなぜ「会話の基本についての教訓」を語る資格があるのか？　それは、これまでのさまざまなグローバルキャリアで、**仕事能力とこなした仕事量では負けていても、「総雑談量」では金メダル級なのではというくらい、膨大な雑談に興じてきた**からだ。

ＰＥファンドは人間関係ビジネスなので、さまざまな国の投資家、ファンドマネジャー、投資先企業の経営陣と多種多様な雑談に興じる必要がある。

メディアに出させていただくようになってからは、非常に多様な方々との対談や会話で、無数の雑談をこなしてきた。また**各国でタクシーに乗ったときの運転手さんとの総会話量にいたっては、世界広しといえども私にかなう雑談王はそういまい**。

またプライベートでも約80カ国にまたがるさまざまな国の友人と雑談に勤しんできたし、仕事や勉学で滞在したフランス、香港、シンガポールではホームパーティに多様なゲストを招き、その会話力を研ぎ澄ませてきた。

白状してしまえば、**仕事も勉強もそこそこにして、世界中で大量の雑談に励んできたのが、この私なのである。**そしてこの膨大な長年の雑談の中で、相手と信頼関係を結ぶ雑談・会話力を鍛錬してきたのだ。

今となっては、**地球上のどのような生物とでも、1時間くらいなら楽しく会話に興じる自信があるが**、そんな私でも、もとはといえば「知らない人と何を話せばいいのか」と雑談が苦手で仕方なかったものである。

思うように会話ができず、できてもつまらない会話になってしまうときの3大欠陥は以下に尽きる。

- **相手に関心がなく、聞きたいことがない**
- **自分から話したいことも特にない**
- **相手への敬意がない**

関心が持てない人、本来ならば絶対に話すことなどないであろう人と、何かの巡り合わせで会話をしなければならない状況になったとき、多くの人は大変な窮地に陥ってしまう。だが私は、まったく興味が湧かず、むしろ1人でジャンケンでもしていたほうがいいと思うような相手でも、9割方は楽しく会話し、乗り切れる自信がある。

その秘訣の源泉となっているのは、私が高校時代に読んだ一冊の本に書かれた言葉だ。

なぜ、あの人の会話は、相手を楽しませ、信頼感を高めるのか

楽しく会話するための7大絶対ルール

「いい会話のいちばん大切な基本は、相手に興味を持つことだ」

これは、米国のテレビ局・CNNの著名アンカーマンだった、ラリー・キングの著書に書かれていた言葉である。

ラリー・キングがホストを務めたCNNの看板番組「ラリー・キング・ライブ」では、日替わりで各界からさまざまなゲストを招き、1時間にわたってトークが繰り広げられた。ゲストは歴代大統領、実業家、俳優、アーティスト、アスリートなど実に多彩な顔ぶれだが、ラリー・キングは相手が誰であれ、大いに会話を盛り上げた。

「どうしたらこんなに誰とでも、楽しく会話ができるんだろう」

そう思った私は、まだアマゾンなどなく、洋書を入手するのが難しかった時代に、彼の著書を海外から取り寄せて読んだのだ。

著書には、米大統領だったビル・クリントンを評して、こんなことも書かれていた。

「ビル・クリントンに感心するのは、会話の間は、彼にとってその相手が最も重要な人物だと思わせるほどに誠実に向き合い、敬意を払いながら話すことだ」

それ以来私は、いつかラリー・キングのようにトークショーのホストをしたいと夢見つつ（ネットフリックスかどこか、声をかけてくれないだろうか）、相手に「興味を持つこと」と「敬意を払うこと」が、会話で最も重要なことだと胸に刻み、実践してきた。

「ラリー・キング・ライブ」は25年にわたる長寿番組となり、彼は4万人を超える世界の著名人たちとトークを重ねたという。そして私も彼の言葉を胸に刻んで以来、学生時代にも社会人になってからも、80カ国以上の人たちと、世界中で雑談をしまくってきた。

その中で、**相手に興味を持ち、敬意を払って会話をすることで、相手の心を開いて信頼関係**

を築き、自尊心を満たすこともできるのだと体得したのだ。

本章では、世界中で会話をしまくりながら磨かれていった、会話の絶対ルールを紹介していこう。

【絶対ルール1】全力前のめりで聞くが、ダメなら早期に切り上げる
【絶対ルール2】「話す内容」以上に、「話し方」に配慮する
【絶対ルール3】凍りつく沈黙の気まずさは、先制攻撃・太陽政策・禅戦略で解凍しよう
【絶対ルール4】特別な関心と敬意を、会話の参加者全員に払う
【絶対ルール5】最強の賞賛力で、相手の自己肯定感を高める
【絶対ルール6】叱り方・断り方・謝り方でも、敬意がすべて
【絶対ルール7】信頼を失う会話の3大パターンに要注意

絶対ルール

1

全力前のめりで聞くが、ダメなら早期に切り上げる

「相手の話が超絶つまらないとき」にできる、3大解決法とは？

会話で一番重要なのは、まずは相手が関心を持っている話を、全力前のめりで聞くことである。

実際にこちらが興味を持っていて、楽しんでいると思うと、相手も話しやすくなる。そして結果的に、本当に面白い会話になる確率が高まるものだ。

もちろん、**まだ信頼関係もないのに、いきなり離婚理由や相手の病名、幼少期のトラウマを聞くようでは、「ヤバい人」認定されて当然**だろう。

あくまで相手が話したいことを探り当てながら聞くことが重要だが、その限りにおいては、相手への興味を全力で示すことが有効だ。

このとき、口角を上げまくった満面の笑みを、嘘くさくない絶妙のバランスで浮かべよう。

そして**極力前傾姿勢で「もっと聞きたいオーラ」をぷんぷん発散させる**と、相手も話しやすく

なるものである。

そうは言っても、どう頑張っても相手に興味が持てず、特に聞きたいこともないときにはどうすればいいのか。

実際のところ、こちらがまったく関心のないことを、頼まれてもいないのに一方的に話す人もいらっしゃる。特にそれが下品な下ネタだったときは最悪だ。**「これまでの人生の経験から、さまざまな話すべきトピックがあるだろうに、今、選ぶのがこの話題ですか？」**という、悲しい気持ちにさせる人は少なくない。

しかしながら、場を持たせるために、とりあえずどうでもいいことを聞くと、ドツボにはまってしまう。この**「沈黙を埋めるために、とりあえず聞いている感」が出てしまうと、それは相手にも伝わり、会話はさらにつまらないものになっていく**からだ。

このようなときは、以下の3段階の対策法を覚えておくとよいだろう。

まず第一段階は、**自分の力不足を嘆いて謙虚になるアプローチ**だ。「相手に興味が持てないといっても、自分とは違う人生を歩んできた人なのだから、何かしら関心を持てることがあるはずだ。それをたった一つでも引き出せないのは、自分がつまらない人間だからではないか？」

こんなふうに考えると、身が引き締まる思いになる。そしてさらに「**これだけ興味を持てないと思う人から、一つでもネタを引き出して会話ができれば、自分の人生のステージが一つ上がる。**これは人生の修行であり、人間理解の一環だ！」と、自分を鼓舞するのだ。

そのようなマインドセットを意識したあとは、改めて相手に関心を向け、相手の興味のあることの中から、自分の関心事項と重なりうる領域を探ろう。そして少しでもマシな話題に変える糸口がつかめたら、「その話、もっと知りたいです」という態度で話題の転換を図るのだ。

なお、どう頑張っても相手の話が引き続きつまらないときは、第二のアプローチがある。それは、せめて**「会話のトピックは自分で決めて、会話の全体像は相手に任せない」**という高等戦術の採用だ。こうすることで、「つまらない話題を振られて、参加者全員が壊滅的状態に追いやられる」事態を防ぐのだ。しかし同時に、「話題の枝葉のところで相手に意見を聞く」ことで、配慮を示すことも重要である。

この技術は、「果てしなくつまらない話題ばかりふっかけてきて双方を苦しめる、賢いが話が超つまらない後輩」に対する苦肉の策として、私が編み出したアプローチだ。

その後輩は、非常に頭脳明晰で数学オリンピックのメダリストでもあり、著名外資系金融機関に勤務するなど、情報処理能力は非常に高い人間である。

しかし会話のセンスが、ゼロどころかマイナス無限大であり、**いつもフルスロットルでつまらない話題の数々を振って、その場の全員を苦しめる**のだ。

そこで私が対応策として始めたのが、**彼が何か話そうとするたびに私が違う話題を振り、しかし感じ悪くならない程度に彼にも質問を振って、その意見を聞く**ことである。

これだと会話のトピックがつまらなすぎて、会話者が全滅することはない。そのセンスゼロな回答に耳を傾ける一瞬だけ我慢すればいいので、被害の拡大を防げるのだ。


そして、そんな努力もむなしく退屈な会話から脱出不可能だったときの最終手段が、〝**会話中の出家**〟である。

もちろん、**別に相手の話が超絶つまらないからといって、いきなり仏門に入れと言っているわけではない**。ただ、相手の話が人の悪口や偏見、低レベルな言動にあふれていて、人格的に共存不可能な相手だった場合は、まともに相手する必要はないし、あなたの貴重な時間を無駄にしてはいけない。

そんなときは、**「こんな窮地に追い込まれても平常心の私」を目指し、心を平静に保とう**。そして緊急に仕事のファイルを上司か顧客に送らなければいけないことにして、できるだけ早くその場を立ち去るのである。

こうして「腹立たしい人との不愉快な時間」を、不動心で乗りきり、ダラダラ付き合わずに感じよく削減できれば、あなたの「つまらない話対応力」も一人前である。

さぁ、「どれほどしょぼい話をされても、決して不動心を失わない自分」を目指して、**心の中で「会話の不動明王」を目指そう**ではないか。

教訓

相手の話が退屈なときは、興味を示して相手の関心事項を引き出すか、主導権を渡さず話を振ってみよう。最後は不動心で平静を保ちながらも、感じよく早期においとましましょう。

絶対ルール

2

世界一声が大きい都市、香港生活で悟った「話し方」のマナーとは?

「話す内容」以上に、「話し方」に配慮する

会話においては、その話す内容以上に気をつけたいのが、話し方のマナーである。

まず私が人として信頼できないのが、「バカでかい声」で話す人だ。

もちろんお国柄や文化の違いもあるので一概に言うわけではない。しかし少なくとも日本のような他者に気を遣って思いやる文化の社会で、公共の場でそれこそ、**バカでかい声で大騒ぎしている人は、たいてい話している内容がしょうもなく、その人格も残念無念なことが多い**ものである。

私は香港に長らく住んでいたので、声の大きさに関してはある程度耐性があるほうだ。香港ではよく、大陸からの客は声が大きいと不満を言うが、私たちにしてみれば、香港の人もたいてい、声がでかすぎる。特に、オジサンたちの声のサイズは中国本土を上回る勢いではあるまいか。

場所もそれこそ、エレベーターの中や、マンションの共有サウナ、静かな図書館といった、「どう考えても小さな声で事足りる」はずの場所で、**チベット犬が吠えているのか、ライオンが雄叫びを上げているのかと思ったら、単に香港のオジサンが談笑しているだけだった**、ということも少なくない。

中国の人々で、特に年配の方の声が大きすぎることに関して、私は大勢の中国人に問い続けてきた。いったいなぜ、あんな大声で会話する必要があるのかと。この問いに対する中国の友人たちの回答が興味深いので、以下に紹介しよう。

第一に、国土が大きく人も多いから、大きな声でないと話が聞こえないというもの。

第二に、北方の「野蛮な異民族」の清国に支配されている間に、本来は優雅だった中国語が北方の乱暴な話し方に悪影響を受けたというもの（さすがにそれは勝手な言い分で、ラストエンペラーに失礼だと思うが）。

あと笑ってしまったのは、文化大革命のときに、小さな声で話していると、何か反革命を企んでいるのではと内モンゴルに強制送還される恐れがあったので、話している内容に毛主席と共産党への批判がないことを示すべく、わざと大声で話すようになったという説明。

どれもが一理ありそうで、そして一理をはるかに上回る怪しさが伴う解説だが、それでも私が申し上げたいのは、「この平和な令和の世の中、そんなに大きな声で話さなくても、よいでしょう」ということである。

声が大きすぎる人というのは、私が東京滞在時に住んでいるマンションの共有ラウンジでもいっぱい見かけるので、日本でも結構、いらっしゃるものである。

そういう人は話の内容が他の人に聞かれても大したことのない話であるのみならず、自分のテーブルについている人だけでなく、その空間にいる他人様の気持ちをまったく考えていないということで、「一事が万事の自分勝手さ」がにじみ出てしまうものなのだ。

おまけに最悪なのは、声が大きいのみならず口臭が強く、さらには話の要領を得ないので、こちらが長らく音量（誤変換で怨霊と出てきたが、あながち間違いではない）と口臭に耐え続ける必要があり、被害が果てしなく拡大するケースだ。

こういう人は、他人を不快にしていることに自覚症状がないので（と書くと、お前はどうなんだという突っ込みをいただきそうだが）、自分の潜在能力をフルに発揮できないものである。

実は私が気に入っている、素晴らしい納豆蕎麦《そば》を出すバーが近所にあるのだが、蕎麦を食べたくても、マスターのそのバカでかい話声に耐えられず、禁断症状が出るくらい食べたくなったとき以外は、極力見送るようにしている。声が大きすぎると、それへの不快感から、人間関係と商機を失っているというのも、あながち言いすぎではないのである。

なお「話し方」に関しては、**他にもいろいろと気になる癖で、相手を不快にさせてしまっている人が実に多い**。

たとえば家具を買いに行ったときに、椅子に対して「**この子はとてもいい材質なので、オイルで手入れしてあげると喜んでくれると思います**」と言ったり、レストランで店の若い人が、私が出されたサツマイモを褒めて産地を聞いたときに「この子は……」などとまた不必要に擬人化したりと、こちらとしては「**イモまで子どもかい！**」と腹《はら》がたってしまう。とにかく変な話し方で人の気分を逆なでする人が多いのだ。

もちろん、話し方においても個性が尊重されるべきで、皆が同じ話し方をする必要はないだろう。しかし、これは私の頭が少しおかしいのかもしれないが、椅子やイモを含めたあらゆるモノを「子ども扱い」する不自然さに関しては、**「もうええかげんにしてくれ!!」と絶叫したい気持ちでいっぱい**なのである。

この手の不自然な擬人法を多用する人は、私の長年の観察から確信をもって申し上げると、人はいいのだが、会話センスゼロなので、相手を疲れさせる人が多い（ただし、本書の読者は除く）。

ほかにも、英語で話すときに、オバマ元大統領のファンでそのスピーチをたくさん見すぎたのか、オバマ元大統領が「Yes We Can!!」と叫ぶかのようなアクセントで毎回話してきて、私を疲れさせる人も存在する。

もしくは映画『ゴッドファーザー』の観すぎで、新橋のガード下の、やっすい安い定食屋なのに、たたずまいと話し方が不自然に、マイケル・コルレオーネになってしまっている困った方もいらっしゃる。

また、あれは羽生結弦選手だから許されるのに、ええ歳こいた大人の男が「くまのプー（さんづけする気も起こらない）」をやたらと絵文字で使ってきたりと、不審者の出現が後を絶たない。

コミュニケーションは内容以前にその「伝え方」に配慮しなければ、相手に拒否反応を呼び起こしてしまう。そして信頼関係を構築するせっかくの機会を失ってしまうので、くれぐれも気をつけよう。

〈教訓〉
話し方には、人格がにじみ出る。声のボリュームや、不自然な流行語、演技じみた不自然さはすべて、信頼関係構築の妨げになりうると心得よう。

絶対ルール 3

凍りつく沈黙の気まずさは、先制攻撃・太陽政策・禅戦略で解凍しよう

気まずい無言空間、さてどうする?

相性が合わず、どうひっくり返っても会話の糸口を見いだせないときも、相手に敬意を示し

て乗り切ることが可能だ。

世の中には、乾いた雑巾を絞るように知恵を絞っても、話したいこと、聞くべきことが一滴も出てこない相手がいる。

これは往々にして、気の合わない会社の上司だったり、交際相手の御義父さんだったり、お互い苦手意識を持っている同僚だったり、紹介してほしくないのに友人に無理やり紹介された、30秒だけ会話したことがあるマンションの住人だったりする。

日頃は社交的なあなたも15メートル先にその姿を確認するやいなや、自分が悪いことをしたわけでもないのに身を隠す柱を探しだす。あるいは携帯電話に目を落として気づかぬふりをしたりする。そしてしまいには、かかってきてもいない電話を耳に当てて一人で話し出したりと、相手と目を合わせないために、実にさまざまな工夫を凝らすのだ。

しかし会社の誰も行きたくない慰労会（慰労するはずが、一番疲れるのが慰労会だったりする）や、イヤーエンドパーティなど、苦手な同僚や上司が一堂に会し、逃げ道がなくやむを得ず会話しなければならない難局は、どのようにして切り抜けたらよいのだろうか？

そんなときは第一に、「**先制攻撃**」を仕掛けよう。これは決して、「おい、お前がおるから、気まずいやないか！」と殴りかかるわけではない。正しくは、**双方が気づかないふりをして微妙な距離を保っているときに、こちらから機先を制して話しかける**という戦術だ。

これをすると、お互い気づかないふりをする気まずさから解放される。かつ微妙な仲なのに自分から礼儀を示すべく話しかけたということで、度量の大きさを示したことになり、道徳的優位に立つことができる。

そして、どうせ話すことはないので長居は禁物ということで、「ドリンクをとってきます、またすぐあとで」や、**必殺の「またいろいろお話を聞かせてください」砲を放ち、ヒットアンドアウェイですぐに立ち去ろう**。

次に「**太陽政策**」がある。これは性格上、できる人とできない人がいるのだが、我が母、ミセス・パンプキンが名人芸の域に達している高等テクニックだ。これは、凍りついた気まずい空間でも、**自分は腐ることなく明るい笑顔と声で楽しそうにふるまい、周囲の雪解けを促す戦術**である。たとえば、私が交際相手と言い争いをして、というか正確には一方的に怒られて、せっかくの両家の親を招いた宴席が凍りつかんとしているときに、いかんなく発揮される。

誰かが突然怒り出すと、皆がシーンとお葬式モードになるものだ。しかしパンプキンは、私に「親の顔を立てて人徳の高さを見せなさい！」と耳打ちし、**別に誤解などないのに「架空の誤解」のせいにして「誰も悪くない」と逃げ道を作る**。そして明るい笑顔と話し方で、本来ならば永久凍土になるはずの場を、驚きのスピードで解凍するのだ。

最後の手段として私がお勧めするのが、「**禅戦略**」である。これはある種、前述の「太陽政策」と共通している方策だ。つまりこちらの精神態度を変えることで、相手の精神状態に好影響を与えるアプローチである。

「苦手な相手と一緒にいる、どうしよう気まずい、話すこともないし……」という混乱状態から、禅という単語が示すよう、**自分の心を落ち着けて、相手の精神状態も落ち着かせる**のだ。

人間には脳の「ミラーリング効果」と呼ばれる性質があり、一方の精神状態、脳波の状態は相手にも伝わる。

たとえば相手がイライラして不機嫌だと自分も居心地悪くて不機嫌になるが、ものすごく平静で不動心でアルファ波を出しまくっている人が目の前にいると、ありがたいお坊様の説法《せっぽう》を聞いているような気持ちになり、ニルヴァーナ（仏教でいうところの、涅槃《ねはん》の境地）に到達できるものなのだ。

これは、たまにまったく猛獣を怖がらない人がライオンやトラと仲よく暮らしているときにも見られる現象だ。向こうが信頼して笑顔で落ち着いた声でなでてきたら、さすがの百獣の王も、ガオーと叫んでかみつくことはしないのである。


さぁ、相手と会話が続かず気まずくなったら、心の中で抹茶を入れて、お椀を三度回そう。そして「結構なお手前で」と心の中でつぶやきつつ、**自分の心に平安を取り戻すことで、相手も平安、皆が平安という「心の平安時代」を実現しよう**ではないか。


〈教訓〉

話すことがなくて気まずいときは、先に礼儀を示す「先制攻撃」、明るさで雰囲気を良くする「太陽政策」、そして心を落ち着けて相手も落ち着かせる「禅戦略」で乗り切ろう。

絶対ルール

4

複数人での会話では、居心地悪そうな人に格別の配慮を
特別な関心と敬意を、会話の参加者全員に払う

複数人での会話で気をつけたいのは、皆が関心を払われ、尊重されたと感じるように配慮することだ。

そもそも複数人で会話をするときは、話の割り振りが難しい。ビジネスの場でなら、キーマン同士が話を進めるのは当然だ。しかしプライベートの場になっても、一部の人にしかわからない内輪ネタを延々と話し続けたり、自分の好きな人にだけ話しかけたりする人が時折いる。

これは、数多くのママ友ランチ及び、コンパなどで必ず見られる、殺伐とした光景である。

そんな周囲への配慮がない人がいると、蚊帳の外に置かれた人に「私がここにいる意味ってある？」「いなくてもいいんじゃない？」と思わせ、その間中、苦痛を強いて無駄な時間を過ごさせることになる。

そんなとき、私が第一に心掛けているのは、**居心地が悪そうで、話し相手を必要としている人に積極的に話しかけ、彼や彼女を会話の輪の中に入れる**ことだ。

そこでは極力メンバーが共通して乗れる話題を振ったり、時間配分を考えながら、一人ずつ話を引き出せるように采配したりする。

たとえばハーバード出身のコンサルタントでAIのスペシャリストで……といったお堅い経歴の人がゲストで招かれていたら、AIの話題だと周りがついていけないので、彼女の趣味である寿司の赤貝の魅力について話を振ることにしている。

すると他の参加者にとっては、一見とっつきにくい冷徹なエリート然とした女性が、親しみやすい「赤貝好きのお姉さん」に早変わりである。そして「寿司好き」という共通の話題で、彼女の疎外感を軽減できるのだ。

また第二に心掛けているのは、敬意を払うべき相手の優先順位への配慮だ。

たとえば、結婚パーティでは、主役である新郎新婦や、そのご両親など親族に敬意を払い、祝意を伝えることが重要である。しかし、先日出席したパキスタンでの結婚パーティでは、友人が同伴していた女性が、新郎新婦や親族はそっちのけで、ひたすら私に話しかけてきて、いたたまれない思いをした。

それとなく私ではなく新郎や新婦に話しかけるように促しても、まったく気づいていないようだった。**その場が誰のためにあるのかを踏まえて、気を配る優先順位をつける**のは、当然の配慮であると心得たい。


そして第三に、自分自身への配慮も重要だ。気乗りしない飲み会やイベントでも断り切れずに参加して、どう頑張っても自分がアウェイに追いやられたと感じたときには、**早期に「おいとまする英断」**も必要である。


もちろん、**「こんなところで話していてもおもんなくて、うちブルーになるから、もう帰るわ！」**などと正直に宣言してはいけない。

「今日はありがとうございました。どうしても外せない用事があるので、お先に失礼します」といったふうに、あくまで感じよく、おいとまを願い出るのだ。

特に、お互い気まずい組み合わせの席順になっているときほど、早めに切り上げたほうがいいだろう。そのほうが傷は浅く、お互いの時間を無駄にしないで済むはずなのである。

〈教訓〉
会話の内容以前に、会話の参加者全員に「自分は尊重された」と思ってもらうことが重要である。どうしてもなじめないときは、感じよく早めに撤収しよう。

絶対ルール
5

最強の賞賛力で、相手の自己肯定感を高める

「パキスタンの睾丸王」に就任した、渾身の文化交流

効果的な褒め言葉ほど、無料で相手との良好な関係構築に役立つものもない。会話では相手に敬意や賞賛を伝えることが重要だが、見え透いたお世辞を言うのは、いかにも媚びているようで安っぽく見られる。

たとえばやたらと「すごいですね」「ファンです」「大好きです」「さすがです」などと連発してくる人は、相手がよほどのお調子者でない限り、「適当に持ち上げようという安直さ」が

伝わってしまうものである。

これに対し人を褒めるときに大切なのは、その相手が内心誇りに思っていることを、惜しみなく讃えることなのだ。


そんななか、**国を問わずに相手の自尊心を満たすうえで第一にインパクトが大きいのが、「文化への賞賛」だ**。食文化をはじめとした文化への賞賛は、コミュニティ全体への敬意と承認を表するのに、非常に効果的である。

私は我が母、ミセス・パンプキンから「お客さんに食事に招かれたら、たらふく食べるように。それが、相手に対する敬意を示すことになるから」と育てられたため、これを幼少期から実践している。

特に、**他国の文化圏に行ったときには、その国の食文化を賞賛すると、いたく相手に喜んでもらえるし、信頼関係を深める効果があるのだ**。


以前ミャンマーでマイクロファイナンス経営をしている会社（五常・アンド・カンパニー）の友人に案内され、現地の融資先の家庭に招いてもらったことがあった。

そこで出されたイモをすりつぶした主食は、炭水化物ダイエット中の私にはかなりきつかったのだが、それでも一気に完食し、おまけに内心苦しみながらも笑顔でお代わりを申し出て、ずいぶん喜ばれたものである。

また先のパキスタン人の友人の実家を訪れたとき、レストランに食事に行っても、イタリア人の友人は「生野菜はちょっと……」と言って手をつけず、香港人の友人は取り皿を紙ナプキンで拭いてから使っていた。しかし私はそのままの取り皿に、生野菜を山盛りに入れてたくさん食べたものである。

ヤギの睾丸《こうがん》をすりつぶして入れた「ボールカレー」が出てきても、ヒツジの脳ミソをミンチした「ブレインマサラ」が出てきても、遠巻きに見ていた友人たちを尻目に、私は率先して食べまくった。

正直なところ、出されたときは「**睾丸に脳ミソか、ちょっときついな**」と思ったものの、お代わりまでして食べてみせると、非常に喜んでもらえた。

その後、私の好物はガチでヤギの睾丸だと勘違いした友人が、連日このヤギの睾丸をふるまってくれたのは、さすがに辛かったものである。

実際にパキスタン広しといえども、あの短期間であれほど大量のヤギの睾丸を食べた人は、私しかいなかったのではないか。

「パキスタンの睾丸王」という称号で呼ばれてもおかしくない私だが、それでも大量の睾丸を食することで示すことができた食文化への敬意は、信頼関係をよりいっそう深めてくれたものである。

次に相手の承認欲求を満たして信頼を強化するのが、**その人への評価者の前で「縁の下の力持ち」的貢献を、意図的に褒める**ことだ。

私が世界的に影響力の大きい資産運用会社に勤めていたころ、取引先の担当者にメールで謝意を伝えるときは、その上司のアドレスもCcに入れて送るようにしていた。

「今回やってくれた地味なデータ作業のクオリティは、とても素晴らしかった、次回も期待しています」といった具合である。私が担当者の「周囲に気づかれないだろう地味な仕事」に感謝していることが上司にも伝わると、その上司からの評価にも好影響を与える。

私の勤務先は取引先にとって重要な顧客だったので、その顧客から認められることは、社内での株を上げることになる。担当者にしてみたら、ただ褒められるより何倍も嬉しいはずだ。

実際にその担当者は私に"**You made my day!!（あなたのおかげで最高の一日になった）**"と感激したメールを送ってきてくれたが、このように毎日、誰かに"You made my day!"と思ってもらえるような賞賛を皆が送り合えば、どれほど世の中が良くなることだろうか。

最後にご紹介したいのが、**「ポジティブ陰口」**である。つまり、その人がいない場でさりげなく好意や敬意を伝えるのも、相手の承認欲求を満たす効果が高いのだ。

たとえば、SNSで私にタグづけをしたうえで、「大ファンのムーギー・キムさんの著書です！」などと紹介をして、褒めそやしてくれる人がいる。

私だけでなく、いろんな人にやっているのだろうとわかっていても（実際にその方のSNSを読むと、ほぼ全員を「大ファンの……」と紹介している）、他者への波及効果もあり、悪い気はしない。

ついでに他の商品・サービスもここでポジティブ陰口の対象にしてみよう。私がこれを書いているノートパソコンはマイクロソフトの「Surface（サーフェス）」で、性能も持久性も耐久性も素晴らしい。

2台目として使用しているヒューレット・パッカードの「Spectre（スペクトル）」シリーズも、大満足の逸品だ。

寝ているベッドはドリームベッド社が製造するサータ「iSeries（アイ・シリーズ）」で、これ以上のベッドマットレスを知らない。

愛用している椅子は、ハーマンミラーのアーロンチェアで、彼らの誠実なサポート体制は、最高水準である。また私が毎日食べているアイスは例外なくすべて、赤城乳業の「ガリガリ君」だ（500本くらい食べて、ついに1本当たった）。ちなみに面白いと思うお笑い芸人は、「人を傷つけない笑い」を実践する、ミルクボーイとぺこぱと兵動大樹さんである。

そして、ぜひお勧めしたい本は、マザーハウス代表の山口絵理子氏の『Third Way 第3の道のつくり方』（ディスカヴァー・トゥエンティワン）だ。最後に、ぜひ皆さんにも応援していただきたい、素晴らしすぎることをやっているのが、国際マイクロファイナンス業務を展開する五常・アンド・カンパニーと、それを率いる慎泰俊氏。そして、医師で鉄祐会やインテグリティ・ヘルスケアを率いる武藤真祐氏だ。

以上、私はここで褒めた会社、人から1円たりとももらったわけでも頼まれたわけでもないが、陰でこそこそ本音で褒めてみた。

本書で、この褒め方に関するコラムに他コラムの2倍の分量を割いたのも、賞賛を惜しみなく発信する世の中になればいいのにと思うからである。

相手を本音で褒めることは、そのポジティブな好意が社会に循環し、本気で褒められた人のモチベーションを高める。

社会で生きるうえで**私たちが社会に還元できる簡単な社会貢献が、心の底から周囲の人を賞賛するということ**なのだ。

教訓

「You made my day!」と喜んでもらえるような賞賛力で、陰に陽に素晴らしい文化や仕事を讃えよう。

絶対ルール

6

叱り方・断り方・謝り方でも、敬意がすべて

世界中の大物に叱られ、感じのいい顧客に巧みに断られた教訓

会話力の神髄は、怒っているときや謝罪するときなど、困難なときにこそ、その真価が問われるものである。

残念なことに自分の失敗を人に押しつけて「私は悪くない！」と怒りまくったり、ただ「すみません」「申し訳なかったです」などと形式的な言葉を繰り返すだけで、誠意や行動がまったく伴わないケースは実に多い。

困難なときのコミュニケーションで第一に重要なのが、怒り方への配慮だ。

私が**「怒り方の達人」**と尊敬しているのが、私の大学時代からの恩師である羅《ラ》教授（仮名）である。私は大変光栄なことに、教授の著書を翻訳する中で、片隅の一部を執筆させていただいたことがある。

無邪気に引き受けさせていただいたのだが、教授を師と仰ぐ諸先輩方を差し置いての大役には、気を遣うことも多かった。

そんな中、私がちょっとした失敗をして、周囲の方々と揉めそうになったとき、教授は、私の微妙な立場を気遣ってそこで叱ることはせず、「こうなったのは私の責任だ」と言って、その場を収めてくださったのだ。

もちろん、教授が悪いわけでもなんでもない。しかし**一番偉い自分が悪者になることで、私を暗に諫め、かつ「この大先生がそう仰るのだから」と諸先輩方の気持ちも鎮められた**のである。

やはり、グローバルに活躍する一流の人は、怒るときにも威厳や品性がにじみ出るものだなと感心してしまう。

第二に重要なのは、断り方への配慮だ。

「**断り方の達人**」として尊敬している日本人ビジネスパートナーの話を紹介しよう。

仕事の提案を断るのは誰しもがバツが悪いものだが、彼は常に断るときに、いかに魅力的な提案に感謝しているかと、今後も諸々連携させてほしいと丁寧に書き加えつつ、明確に断るのだ。

本当は単に、当方の提案に興味が無かったからなのだろう。しかし、ことさら謙虚に出てくるので、こちらとしても「**断られたんだけど、無料で陰に陽に支援してあげなければ**」と思わせる「断り方」なのである。

これは、短期的にビジネスにならないからと無下《むげ》に無礼な断り方をして恨みを買い、陰に陽に足を引っ張られる人との大きな違いである。

何かを断るときも、信頼関係を強化する御作法があるのだ。


ここで第三に重要なのは、謝り方への配慮だ。

世の中には、相手に申し訳ないことをしたが、相手が文句を言ってこないとき、**自分から謝る人と、相手が忘れてくれるのを待とうとする人がいる。**

特に新興ベンチャー企業の経営陣には、新しいことをするのは好きだが責任感が希薄、という人も多い。中には「面白そうな企画を次々と始め、まだ立ち上がってもいないのに、無責任に丸投げ」という人も存在するのだ。

しかし相手に迷惑をかけたときの謝罪こそ、自発的に行動を伴う形で誠実に行うことが重要である。

やみくもに時間を稼いで相手が忘れてくれるのを待つような不誠実さは、表面上は外交的に取り繕っても、信頼関係を不可逆的に棄損してしまうものなのだ。

翻って考えれば、自分自身のコミュニケーション能力及び人格のレベルは、困難なコミュニケーション時にこそ露呈するものだ。

怒るときや断るとき、そして謝るときにこそ、自分の真価を問われることを、肝に銘じておきたいものである。

〈教訓〉

配慮と責任感を伴った怒り方や断り方と謝り方で、信頼を寄せられる人になろう。

絶対ルール

7

タイのパタヤビーチでの怪しすぎる研修広報を、頼まれたときの教訓

信頼を失う会話の3大パターンに要注意

これまで、信頼を獲得する会話の絶対ルールを論じてきたが、最後は逆に信頼を失う会話の典型的3大パターンを論じたい。

第一にガッカリさせられるのが、**初対面や付き合いがまだ浅いうちの会話の中で、安易にお願いごとをされたとき**だ。それが、重要な知人への紹介リクエストだった場合は、なおさらである。

驚いたことに、**会って数分でまだお互いがどこの馬の骨ともわからないのに、「紹介してください」をやたらと連発してくる人が、少なくない**。

しかし相手がどんな人物かもよくわからず、信頼関係もないうちに、自分が尊敬している人を紹介できるはずもないではないか。

知人が主催したある講演会で一緒に登壇した北米の国の方は、グローバルリーダーを養成する研修などを手がけているといい、どうも怪しげな人物だった。私は基本的にどんな相手にも敬意を払って挨拶をするのだが、この方とは正直、お近づきにはなりたくないなと思っていた。

しかしその後、SNSで友達申請を受け、断るのも感じが悪いので承認すると、いきなりお願いごとをしてきたのだ。

「今度、タイのパタヤビーチでグローバルリーダーシップ研修をするのですが、参加者が少なくて困っています。ぜひ、ムーギーさんのお知り合いを紹介してください！」

そのツッコミどころ満載のお願いごとに、私は呆れ果ててしまった。まずもって知り合って間もない私にいきなり人の紹介を頼む神経が解せないし、グローバルリーダーシップ研修を、世界最大の風俗街で行うセンスも信じられない。

もし、私が自分の友人・知人に、その人を紹介したとしたら、同じように不信感を抱かれ、自分との付き合いまで見直されてしまうことだろう。

第二に信頼を得られないのが、**裏表激しく、人の悪口ばかり言っている人**だ。普段はいい人を装っていて、私にはいかにも表面的な賛辞を投げかけてくれる、とある著名人がいる。

しかし彼は、誰か共通の知人の話題になると、なにかと「あの人は大したことない」だの、「あの人は本物ではない」だのと、上から目線で傲慢な態度を垣間見せるのだ。

このような発言を聞くと、私も他で同じように酷評されているだろうと警戒するし、なにより日頃の「腰が低い、いいひと」イメージとの大きなギャップに、肌寒い恐怖心を感じてしまうのだ。

しかもSNSを見ると、彼が酷評していた人の投稿に「いいね」を連発して送っているではないか。仕事のみならずプライベートの人間関係でも裏表が多くて、何かと不信感を感じさせるのだ。

これに対して隙の無い人は、多少お酒が入っても自分の名声にかけて、決して陰口を叩かないものである。

そして第三に信頼を得られないのが、**酔うと歯止めが効かず、すべての秘密をまき散らしてしまう人**だ。

PEファンド業界の友人や先輩で飲みに行くと、たいてい、やれ誰がどの案件で大儲けしてパートナー（共同経営者）に昇進しただの、誰がいくら資金調達しただのが話題になる。

なぜ後輩のジュンミン（仮名）は数千億調達してソウルオフィスの代表に昇進したのに、なぜあの兄さん（韓国では年上の知人を兄さんと表現）は頭もよくキャリアも長いのに、苦戦しているのかといった具合である。

そのときに耳にしたのは、**「あの兄さんは、酒癖が悪いと評判だ。客の投資家も私に、彼の酒癖の悪さを嘆いていた。お店で酔っ払って機密事項を口走っていることを本人は気づいていない」**と、もっぱらの評判だというのだ。

「あれ？　これって私のことじゃないかしら」と心配しながらも申し上げるが、確かに機密事項が多い仕事で、少し飲むとタガが外れてなんでも話してしまう人に、重要な仕事を任せることはできない。

特にサービス精神旺盛というか、安易な承認欲求が強すぎる人は、目の前の人に「面白い情報」を、すすんで与えてしまうリスクが高いと判断されてしまうのだ。

このように安易なお願いごとをしたり、陰口を叩いたり、簡単に機密事項を漏らす人は、肝心な局面で信頼されず、大成しないと自戒しなければならない。

〈教訓〉

相手にメリットのないお願いや、安易な陰口、そして酒の場での情報管理に、くれぐれも気をつけよう。

コラム

一流の会話の基本は、最後に「また会いたい」と思ってもらうこと

相手が関心のないことを、無礼な態度で話し続ける「恥ずかしい会話」にならないために

これはとある会計士の友人、トゥルーウッド氏（仮名）の話である。

彼は今でこそ、とある地方の有力会計事務所の次期社長として経営を任されている人物だが、彼の人生も私のそれと同様、平坦な道のりではなかった。何を隠そう、彼の前職は、デリヘルの運転手さんだったのだ。

前職と言っても、大学時代のアルバイトなので20年近く遡るわけだが、彼にとって最初のバイトが、この仕事だった。

京都のベトナム料理屋さんでフォーを取り分けながら好奇心を抑えられず、「その仕事で得たことで、今の仕事に活かせている教訓は何!?」などと聞いていたのだが、返ってきた答えが**「最後に『また会いたい』と思ってもらえる会話をすること」**という、結構な名言だったのである。

なんでもこのトゥルーウッド氏、当時は不況で仕事もなかったので、この割のいいバイトを

クビになるわけにはいかない。

デリヘルの運転手さんの重要な役割は、「バイト女性」に気分よく働き続けてもらうことなのだという。中には酷い事件に巻き込まれたり、精神不安定で仕事をすぐに辞めてしまったりする人も多い。

そこでそうならないよう、相手によって空気を読みながら、たとえば「その頑張って稼いだお金で何するの？　あ、カバン買うんや。へー、バーキンて言うの？　わっ、そんな高いんや。それやったら、それ買えるように朝までとことん付き合うで。あ、お客さんから電話が来た。よし、頑張っていこか！」といった具合である。

相手がへこんでいたり気分が乗らなかったりするときも、その人にとって嬉しい目標やいいことについて話を振って、ムードを良くしていくのが、その「運転手さん」としての仕事の、隠れた最大の付加価値だったのだという。

彼は全国でも有名な地元の超名門校の学生さんだったのだが、ちょうど就職氷河期であったこともあいまって、あまりメインストリートとは言いづらい仕事を選んだ。

しかし、その6カ月という短くも濃厚なファーストキャリアの中で身につけた最大の教訓が、「あらゆる会話で、最後は『もう一回会って、また話したい』と思ってもらえること」であり、その後の仕事でも常に心掛けているのだという。

確かに彼は今、名前を聞いて私がビックリ仰天するくらい、非常に有名な実業家の資産管理業務を任されるまでになっている。あらゆる上客が、これまでのお客さんからの温かい応援と紹介によって増えていっているのだ。

そのような信頼関係を築くことができるようになったのも、彼の輝かしいファーストキャリアにおける「**一緒に働いている人のムード、雰囲気を良くして、ポジティブなトーンで会話し、最後に『また会って話したい』と思ってもらえること**」を、常に重視するようになったおかげだという。

職業名のインパクトが強く、ともすれば色物だと思われがちな話だ。しかし、この「もう一回会いたい」と最後に思ってもらえる会話を心掛けるというのは、私自身意識していなかったのだが、確かにこれは深いな、ひょっとして本書に掲載する最も重要な教訓の一つになるのでは、と感心したのであった。

〈会話力チェックのためのマトリクス〉

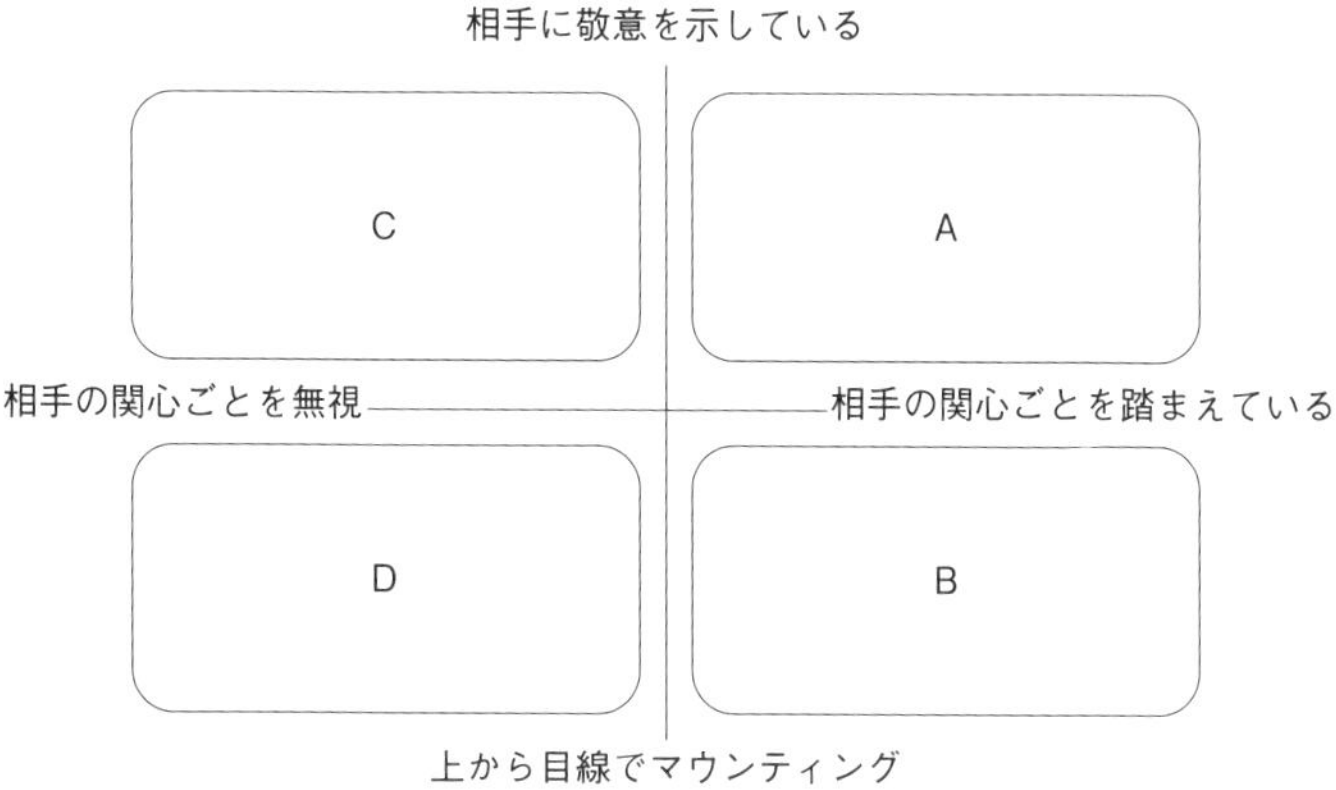

それでは最後に、本章で論じた「会話の絶対ルール」の重要なエッセンスを以下の2軸に割り振って、「会話」マトリクスの各象限の特徴及び、改善法についておさらいをしよう。

●相手の関心ごとを踏まえているか
●相手に敬意を示しているか

【A】相手の関心ごとを踏まえているか○
　相手に敬意を示しているか○

相手が関心を持っていることに、敬意と興味を示しながら前のめりで傾聴することが大切だ。

相手に敬意を示した話し方をし、無言の沈黙タイムにも心を乱さない。その場の全員に敬意と関心を払い、相手の本質的美徳を惜しみなく褒める。叱ったり断ったり謝ったりするときも、相手の気持ちへの配慮を忘れない。

また信頼関係を築く前は、下手に何かをお願いすることもしない。

そしてお開きのときには「また会って話したい」と思われる、そんな会話を目指したいものである。

【B】相手の関心ごとを踏まえているか○ 相手に敬意を示しているか×

相手の関心ごとについて会話をするが、やたらと上から目線で偉そうな態度をとってしまったり、自分ばかり話してしまったりするのが、残念な会話力の特徴だと言えよう。

これは、自分の話は面白いと過信してしまうタイプに多い症状だ。

このような状況にある方は、**自分の話ばかり聞かせることは、相手に対して「あなたの話より私の話のほうが重要だから、聞きなさい」という不遜なメッセージになりかねない**と注意しよう。

仮に4人の友人同士で2時間話すなら、基本的には30分ずつ各自が話したいトピックになるように会話を采配するのが望ましい。そして皆にバランスよく時間と関心を配分し、全員が敬意を払われたと思えるようにすることが、大切なのだ。

【C】相手の関心ごとを踏まえているか ×
相手に敬意を示しているか○

礼儀正しく、こちらが興味のない話をする人は、なかなかの強敵である。自分の仕事の説明など、**こちらがまったく関心のない話をするのだが、非常に丁寧で腰が低いため、こちらとしても怒って話を切り上げるわけにもいかない。**

このような状況にある方は、相手に何かを話すときは、そもそも相手が何に関心があるのかを理解するための会話を先にしよう。そして自分の話を、相手の関心ごとにつなげた会話にすることが重要だ。

相手が無意識のうちに足を揺らしたり視線が泳いだりと、ボディランゲージでサインを送ってきているのを見逃してはいけない。こういうときは話題を変えるか、相手の時間を尊重して手短に、自分から会話を切り上げることも必要である。

【D】相手の関心ごとを踏まえているか×

相手に敬意を示しているか×

無関心なトピックで、無礼に話しかけてくる人というのは、恥ずかしいことに会話力が完全に崩壊してしまっている人だと思っていただいて、差し支えないだろう。

たとえば、こちらとしてはまったく興味のない他人の悪口や罵詈雑言《ばりぞうごん》を、時に激怒して口調を荒らげながら延々と聞かされたりすれば、「この人とは二度と話したくない」と思われてしまって当然である。

こういう自覚があるときは、**基本的に人は他人の話より自分に関係のある話に関心があり、また誰もが自分自身の価値を実感したいと希求していることを思い起こそう。**

また、目の前の人が世界で自分にとって最も大切な人だと、その会話時間内だけでも自分に言い聞かせ、相手に最大限の関心と敬意を払うように努めよう。

相手に関する話をつとめて楽しそうに聞き、自分が話すときも全力で楽しそうに話すことで、相手に敬意を伝えられるのだ。

第2部

インプット編

受信力を磨き、アウトプットの質を高める

第4章

発信力を伸ばす、質問力の絶対ルール

質問力の基本

質問下手の3大欠陥と、質問上手の6大絶対ルール

なぜ、あの人の質問は、価値ある情報を引き出せないのか

私はこれまで、世界中の実に多様な人々に、インタビューを行ってきた。「インタビュー」というと、一般の方にはあまり縁がないと思われてしまうかもしれないが、つまるところ、仕事でも必須となる「質問力」が問われるものだ。

これは一般的な仕事の場面では、複数の参加者がいる打ち合わせなどが当てはまるだろう。

本章で紹介する質問力の教訓も、長年のさまざまな国での実体験に基づいている。私はグローバルなキャリアで、幅広い分野のプロフェッショナルとともに働き、インタビュー経験を積んできた。

相手は世界的な大企業の経営陣だったり、ファンドマネジャーだったり、アラブの国富ファンドだったり、北米の年金基金だったり、中華圏やヨーロッパ、シリコンバレーのファミリー

オフィスだったり、東南アジアの銀行の頭取だったりする。**インタビューの数は、少なく見積もっても1万回を超えるはずだ。**

よく、書籍の帯で「10万人の人生を変えた！」など、明らかに盛っていることがバレバレなコピーを見かける。これに対し私の場合は1日4〜5回のミーティングを年間200回、10年以上こなしてきたと考えると、1万回というのはあながち嘘ではなく、むしろ控えめな数字だろう。

さらに、さまざまなビジネスメディアを通じて、ブルー・オーシャン戦略で世界的に有名なチャン・キム教授や著名投資家のジム・ロジャーズ氏など、世界中の各界で活躍する著名人にもインタビューを行ってきた。

中には気難しいことで知られる人も多数いたが、そんな人へのインタビューでも、過去に他のメディアで読んだり聞いたりしたことのない、付加価値の高い情報を引き出すことに心を配ってきた。

このようなインタビューが上手くいったときは、「今日は楽しく話ができたよ、ありがとう」などと言っていただけるのだが、これは長年の経験に基づく、質問の基本的なコツを踏まえているからだ。

今でこそ、気難しい著名人にも楽しく話してもらえる的を射た質問ができるようになった私だが、大学時代や社会人として働き出したころには、思い出すと赤面するほど、恥ずかしい愚問を繰り出していたものである。

そんな、いわゆる「質問弱者」の特徴には、以下の3つが挙げられる。

- **質問の目的を考えていない**
- **的外れな回答にいつまでも付き合う**
- **結論ありきのストーリーに誘導しようとする**

質問下手の人は、そもそも質問の目的が意味不明で、総じて単に自己アピールしたいだけであることが多い。

かく言う私も大学時代には大教室での講義中に揚々と手を挙げて、得意げに長々と質問をしていた。しかし実際にはみんなの注目を集めて自己アピールをしたかっただけで、内容は結構しょうもないことばかりだったと顔を真っ赤にして回顧する次第である。

私の恥ずかしい質問力が磨かれ、受信力を高めることができたのは、実際に数多くのインタビューを実施しながら学んできたことに加えて、自分自身がインタビューを受ける機会が増えたことも挙げられる。

実は意外なことに、いわゆる「一流経済メディア」とされる媒体の編集者やライターの中にも、**「私にそれを聞いてどうするの？」と、呆れるほど的外れな質問ばかりしてくる人がいる。**

そのたびに、こんないい加減な質問で集めたコンテンツを、私も含め読んでいるのかと、メディアの情報の質に大いに不安を感じるものである。

なおくれぐれも、メディアでのインタビューなど自分には関係がないなどと、誤解されないようお願いしたい。

この第4章を、日常会話で何をどのように質問すれば、相手を効果的に理解できるのかを考える章として読み進めていただければ、必ずや「自分ごと」として多くの示唆を得ていただけることだろう。

本章では、公私両面で恥ずかしい質問をしてしまわないよう、私たちが口を開く前に考えるべき6つのポイントを紹介しよう。

【絶対ルール1】大勢の前での質問で恥をかかないための、5大ポイントを意識する
【絶対ルール2】的外れな回答が続けば、不快にさせないように舵をとる
【絶対ルール3】相手が「答える意義」を感じる質問を考えよう
【絶対ルール4】反論と整合性確認、自分の理解が遅いふりをして、情報の矛盾を正す
【絶対ルール5】建設的な質問をする
【絶対ルール6】共感力で「心理的安全地帯」を築こう

絶対ルール

1

大勢の前での質問で恥をかかないための、5大ポイントを意識する

質問の目的と優先順位を考えよう

会議やセミナー、講演など、大勢の前で馬鹿な質問をしないか、少なくともそう思われないために大切なことは何だろうか？

結論を先に述べれば、**質問の目的と優先順位を考え、質問の意図を伝えながら、真っ先に簡潔に聞くのが基本**である。

質問するときは、回答するとき以上にその人のコミュニケーション能力が問われる。

仮にしょうもない回答をしても、それは質問がつまらなかったからだと逃げられるかもしれない。**しかしつまらない質問だけは、どうしようもなく絶対的に、自分の責任だからである。**

第一に強調したいのは、**質問の目的を考える重要性**に関してだ。

質問には、さまざまな目的とタイプがある。講演会などで相手の経験からの教訓を問うもの、インタビューで相手の得意な話を引き出し、花を持たせるためのもの、会議で真意をただして、情報の整合性を問うための質問もある。

また相手を深く理解して信頼関係を築くためのものや、コーチングのように相手に気づきを与えてその行動を変えるためのものなど、目的はさまざまであり、それに応じて適切な質問も変わってくると心得よう。

第二に、**質問の目的に応じた質問の優先順位**を考えることが重要だ。

「せっかく質問できる貴重な機会に、本当に一番聞きたいことが、それなの？」と疑問を抱くようなことを聞いてくる人は、得てして質問の優先順位を検討したことがない人が多い。

以前、著名な中国の起業家でアリババの創業者であるジャック・マー氏の講演を聞いていたときも、他のオーディエンスが聞きたいことやマー氏が語りたいことをまったく無視して、耳を疑うような質問をしている人がいた。

「自分の顔で気に入らないところはどこですか？」

「家族に不満を感じることはありますか？」

世界を代表するビジネスリーダーであり、その経歴や経営哲学などからリーダーシップの神髄を学ぶのがその場の目的なのに、このようなことを聞くのは、ジャック・マー氏の時間も、オーディエンスの時間も大いに無駄にする行為だ。

はたしてどんな目的で聞き、なぜマー氏との千載一遇の会話でこれを優先的に聞いてしまったのか、極めて疑問に思ったものである。

質問をするときは、そもそも質問の目的を鑑みたうえで、聞くべき優先順位の高い質問が何か、きちんと意識するようにしよう。

第三に、質問の目的と優先順位が明確になったら、**質問をするときには、その質問の意図を伝えることが有効**である。一見しょうもない質問に思えても、その背後にある立派な目的が伝われば、無意味な質問に終わるリスクが軽減されるからだ。

また質問された相手としても、聞かれた質問へどのようなレベルの答え方をすれば、その意図が満たされるのかを考えられるので、回答の幅が広がり、深みが増すのである。

第四に、**「最前列に座って真っ先に質問する」こと**も効果的だ。講演等の場合、最前列に座っていると、質問者を当てる人と目もすぐ合うので、指名されやすい。

おまけに毎回、最前列で手を挙げていると、「この人は質問するキャラ」として認識されるので、次から質問しやすくなる。

しかもトップバッターは多少ピント外れな質問をしても、「場の空気を温めるために発言してくれた」と受け入れられやすい。言うならば、かつての笑点の林家こん平師匠的な、会場に元気を注入する役割である。

第五に末筆ながら強調したいのだが、プレゼンと同じで、**最初と最後の一言で、結局何が言いたい質問なのかを明確に要約すること**だ。

往々にして質問を聞いていて話し手を苛立たせるのが、背景説明をだらだら続けたり、自分の意見の演説になっていて、何を聞いているか意味不明なケースである。

質問するときは決して長々と演説したり私見を述べたりせず、**くれぐれも真っ先に何を聞きたいのかを、端的に説明しよう**。

〈教訓〉

質問の下準備で大切なのは、質問の目的を考えることである。その目的に応じて、優先順位の高い質問は何かを踏まえたうえで、意図を伝えながら、真っ先に簡潔に質問しよう。

絶対ルール
2

的外れな回答が続けば、不快にさせないように舵をとる

失礼なく、相手の回答を短く切り上げる方法とは？

大勢の参加者がいる会議や講演会ではなく、限られた時間の質問やインタビューでは、「すでに聞いたことのある回答」を聞いて終わることのないよう、相手の回答をうまく切り上げたり、トピックを変えたりと、能動的に管理することが重要だ。

このために第一に気をつけたいのは、**相手がおなじみの回答をするのを封じる**ことだ。

これは世の中の、メディア慣れしている著名人との対談やインタビュー時に顕著なのだが、何を聴いてもその質問の核心には答えず、メディアで発言する用のいくつかの回答パターンしか返してこない人が、決して少なくないのだ。

たとえばジム・ロジャーズ氏などは来日のたびに無数のメディアの取材を受けるが、どのメディアを見ても書いてあることが同じで、彼の魅力を十分に引き出せていない記事も多かった

りする。
下手なインタビュアーは限られた時間を、ひたすら既出の情報を得ることに費やしてしまうのだ。

そうならないために、「あなたは過去にこういったことをおっしゃっていましたが……」など、既出情報を踏まえた聞き方をすることが、浅い回答を防ぐための有効策となる。**「このことはすでにもう知っています」と暗に伝えることで、相手は他のことを話さざるを得なくなる**のだ。

相手が自分の「回答テンプレート」の中から話そうとしていた場合にも、「私はあなたの過去の発言をすべて一生懸命勉強してきました」という感じで伝えることで、既存情報の反復で終わってしまうことは避けられるのだ。

同様に第二に気をつけたいのが、**的外れな回答や演説が始まったら、感じよく打ち切って話題を転換する**ことだ。

こちらが核心の質問をしても、回答が質問のポイントから果てしなく脱線する人も多い。そんなとき、**「脱線した演説」にだらだらと付き合わないことも、質問力が試される局面**である。

それを最も感じたのは、私が東洋経済オンラインで「グローバルエリートは見た！」という人気コラムを連載していたときの、燃える闘魂・アントニオ猪木氏とのインタビューだった。

ちょうど猪木氏が政府の反対を押し切って北朝鮮を訪問した直後で、世間様としては聞きたい質問がたくさんあった。

しかし私が子どものころ大ファンだった「燃える闘魂」は、意図してかそれとも天然なのか、何を聞いても、南米でのコーヒー事業や南の島での宝探しなど、答えが質問とはまったく関係ない話題に変わっていくのだ。

こんなときに重要なのは、過度なまでに敬意を伝えつつ、他の話題に誘導する手だ。

「なるほど猪木さん、ありがとうございます。このお話については、私もとても関心があったので、資料にくまなく目を通して、十分に理解を深めてきました。そこで今回は、この件についてもぜひ教えていただきたいのですが……」

そんなふうに、**相手に興味を持ち、敬意を抱いていることを示せば、自然に他の話題に誘導できる**ものである。

最後に気をつけたいのが、話題転換をするときに決して相手の気分を害さないことだ。たとえば、私は公開討論などで、「実は、読者から事前に質問が来ていまして……」「（おもむろにスマホを手に取り）あ、すみません、今、オーディエンスからこんな質問が来ましたね（もちろん、そんなシステムは導入されていない）」などの言葉を挟んで、まったく違う話題に移してしまうことがある。

このテクニックは、ビジネスシーンではたとえば、「すみません、実は上司からこの件についてもご教示いただくように言われてきたのですが……」といったように、応用できるだろう。

相手の気分を害さずに話題を転換するための、もう一つの必殺技が、**よく考えるとまったく違うのに、同じことのように錯覚させて、無理やり方向転換をはかる大技**だ。

「今のお話と本質的には同じことをおっしゃっていると思うのですが、この点については……」

「今のお話に関連して、どうしても伺いたい点が一つありまして」

このように、**「本質的には同じ」「今のお話に関連して」**などの言葉を挟むと、**実はまったく違う話題を振っても、あまり違和感や反感を持たれない。**

そして相手が**「え、関係あったっけ？」と混乱している隙に話を軌道修正して、貴重なインタビュー時間の無駄を防ぐことができる**のだ。

これに対し、「その話はさておきまして」などといった否定や打ち消しと取られる言葉で他の話題に移ろうとすると、相手は反発を感じてしまうので、くれぐれも注意しよう。

教訓

相手が既知の話を繰り返してきたら、「その話は勉強してきた」ということを敬意を伝えつつ切り上げよう。相手の話が迷走を始めたら、決意と技術で軌道修正が必要である。

絶対ルール

3

ホリエモンが「楽しかったです」と評価した、質問力とは？

相手が「答える意義」を感じる質問を考えよう

質問の目的にもいろいろとあるが、相手の魅力を引き出すための質問において重要なのは、「**この相手だからこそ、他の人に聞くより意義がある**」ということを、きちんと聞くことだ。

また、質問が相手の経歴や関心ごと、答えるメリットに紐づくものでなければ、「俺にそれを聞いてどうする！」と内心うんざりされるものである。

以前、実業家の堀江貴文氏にインタビューをさせていただいたときは、子どもの教育分野を題材に選んだ。

当時はタイミング的にも堀江氏が「ゼロ高等学院」を開校すると発表したところであり、これをメディアで広めたいというインセンティブもあるはずだと考えたのだ。

実際にインタビューでは、ゼロ高設立の意図やゼロ高での新しい試みなどについて、気持ちよく話していただけた。

また、携わる事業やご自身の生き方のブルー・オーシャン戦略（ちなみにダイヤモンド社の書籍『ブルー・オーシャン・シフト』の紹介記事としての位置づけでもあったので、ブルー・オーシャン戦略に絡める必要があった）にまで話を絡め、複数のステークホルダーにとって、満足度の高いインタビューとなった。

あの気難しそうな堀江氏にインタビュー後、「とても楽しかったです」と言ってもらえたときは、内心嬉しかったものである。

ここで重要なのは、第一に**堀江氏にとって答えるメリットのあるトピックを、きちんと考えて選んだ**ということである。

第二に、他のメディアで堀江氏が回答されているのを踏まえて聞くので、そのインタビュー内容は**既存の記事に比べて深掘り感**のあるものとなった。

第三に、堀江氏が本屋さんを撮影現場として貸し出すなど、**本人が面白いと感じていることを聞くことで、ご本人の答える意欲を刺激する**ことも心がけていた。

これに加えて私が一般的に心掛けているのが、**「質問で相手の凄さを引き出す、受け身の美学」**である。

たとえばその人の大きな功績に関して、本人は言いたいのだけど、自分からは言い出せないことも多い。

そんなときは自分から「あの大成功した投資案件に関してどうしてもお伺いしたいのですが……」「この賞を10年連続で受けられたのは世界でもあなただけですが、なぜこれが可能だったのでしょうか」などと、「相手が一番輝く瞬間を引き出すための質問」を切り出すのだ。

これは言うならば、プロレスでいうところの「**受け身の美学**」である。

それこそ往年のジャイアント馬場選手が上げた足めがけて、全力で走っていく。余裕で避けることができても顔でしっかりと受け止め、まったく効いてなくても、いい感じに痛そうに倒れてみせる。

そしてスタン・ハンセンのラリアットを待ち望むタイミングと同様、オーディエンスが「このタイミングで、この話をしてほしい」というタイミングを見計らって、適度な反論を加えながら白熱の議論を演じる。

しかしここでの議論の目的は、反論することではなく相手の凄さを引き出すことなので、最後は花を持たせて追及をやめ、カウント3を捧げる。

そんな「相手の凄さを最も引き出すための配慮」も、質問者の腕の見せどころなのだ。

このようなアプローチだと、自分が本来聞きたい質問と違うときはどうしたらいいのかと、疑問に思われるかもしれない。しかしご安心いただきたい。

限られた質問タイムを、「信頼関係構築のための質問タイム」「相手にメリットを感じてもらうための質問タイム」「こちらが聞きたいことをズバリ聞くための質問タイム」と、**異なった目的の「質問ポートフォリオ」を用意する**のだ。

そして最初に答える意義を感じる質問をすることで、その他の質問にも丁寧に答えてもらえるようになるものなのである。

なおこれは余談だが、仮に最後まで相手の態度が非協力的なときは、プロレスの試合が時にセメントマッチと呼ばれる潰し合いになるように、相手を散々気持ちよくさせて油断させておきながら、最後に相手の回答の本質的な矛盾をついて終わらせるという「掟違反」を仕掛けるときもある。

ともあれ、限られた時間内に相手から質の高い情報を引き出すためには、「相手に答える意義を感じてもらえる質問は何か」**「他の人に聞くより、この人だからこそ話せるはずのトピックや教訓は何か」**「相手が最も話したいことを引き出す質問は何か」という自問を通し、適切な質問ポートフォリオを準備することが重要なのだ。

〈教訓〉

「相手にとって答える意義の有無」や「その人が最も光り輝く質問」を考え、相手の強みや魅力を存分に引き出す質問をしよう。

絶対ルール 4

反論と整合性確認、自分の理解が遅いふりをして、情報の矛盾を正す

米系資産運用会社、調査部長のボスからの珠玉の教訓

既出でなく付加価値の高い情報を得るためには、前に述べた「相手が答えるメリットを感じる質問」だけでなく、回答内容の正確さを担保するための３つのアプローチが重要である。

第一に効果的なのが、**あえてズバリ反論して、議論を深めること**だ。

たとえば、ＰＨＰ研究所より出版させていただいた共著本『最強の生産性革命――時代遅れのルールにしばられない38の教訓』の執筆で、竹中平蔵教授と対談をさせていただいたときもそうであった。

「竹中教授は小泉政権時代、閣僚として構造改革の旗振り役を務め、世間では『市場経済原理主義者』『弱者切りの竹中』などと批判されることがありますが、これについてはどうお考えですか？」といった質問を率直にぶつけ、世間の誤解に対する竹中教授の真意を引き出すようにしたのだ。

同様にブルー・オーシャン戦略のチャン・キム教授にメディアでインタビューさせていただいたときは、あえて「ブルー・オーシャン戦略を実行したが、その後しばらくして大失敗した企業」について面と向かって深掘りすることで、「ブルー・オーシャン戦略は、一度実行したらそれでおしまい」などという、典型的な誤解の解消に努めた。
朝鮮半島の南北統一が近いと主張するジム・ロジャーズ氏には、あえて北朝鮮の元在英公使であったテ・ヨンホ氏に事前に伺った「既得権益者のエリート層の身分が保証されないと、北のエリート官僚層の協力を得られない」という反論をぶつけて、既出の発信内容より議論を深めることを意識した。

このように、議論を深めるための質問をするときは、相手がどのような回答をしていて、それにどのような反論があるのかを事前に調べることが不可欠だ。
そして「あなたはAと答えられていますが、それにはBという反論があります」などと踏み込み、通り一遍のおなじみの準備をしてきた官僚的回答で終わらないための工夫が効果的なのだ。

情報の正確性を担保するうえで第二に効果的なのが、「**他の回答部分と照らし合わせたときの、情報の整合性を問う大切さ**」だ。これは、私が米系資産運用会社で株式投資分析をしていたときの、アメリカ人調査部長に学んだ教訓であった。

彼が直々に私に、財務モデルの作り方や、それに基づいた投資先経営陣のインタビューの仕方を教えてくれたのだが、感心したのは私の財務予測モデルのおかしさに、すぐに気づいて指摘するのだ。

たとえば配当を増やすといっているのに、利益と現金が横ばいだったり、投資を増やすと予測している年に、銀行への返済のほうが借り入れ増加や利益増より大きかったり、売り上げが落ちると予測しているのに、販管費の下がり方が緩やかだったりといった矛盾について、質問を投げかける。

言い換えれば**「Aが成り立つには、同時にBとCとDも成り立たなければならないが、なぜそうなっていないんだ」という「整合性チェック」**の質問を多くすることで、相手の発言内容の信頼性を推し量る技術を、学ばせてもらったものである。

なお、この「あえて反論して整合性をチェックする」アプローチは、性格によっては、自分には無理だと思われる方もいらっしゃることだろう。しかし安心していただきたい。

ここで第三に効果的なのが**「理解が遅い、ちょっと鈍いふり」をして、相手を圧迫せずに整合性を確認するアプローチ**なのだ。

質問をするときはゆっくりと、「正直言って私は理解できていません。私は理解のスピードが遅いので、5歳の子どもでもわかるように、もう一度ゆっくりと説明していただけますか」などと返す。

こうすることで、**スピードと勢いにモノを言わせて間違いだらけの回答をしている相手に、情報の正確性や整合性を迫ることができる**のだ。

実際に、とある投資ファンドに勤務していたとき、やり手のカナダ人ファンドマネジャーに、「**あえて理解が遅いふりをして、『自分が愚かだからか、一見矛盾しているように聞こえるので確認したいのですが……』**などと聞けば、角を立てることなく情報の信頼性を評価できる」と、アドバイスされたものである。

質問で情報の正確性を確認したり、回答への理解を深めるためには、適度に反論を加えたり率直に「わからない」と伝えて、ゆっくりと丁寧に説明してもらおう。そうすることで、相手の答えの一貫性や整合性を確認することができるのだ。

〈教訓〉

質問をするときは、反論や整合性を確認する質問で、情報の正確さを確認しよう。

絶対ルール

5

建設的な質問をする

職業によって、適切な質問のタイプも全然違う?

プロフェッショナルファームを何度か転職すると、**「どのような質問が好まれるのか」というカルチャーが業界ごとに違う**ことに気づく。

私がこれに気づいたのは、前職では当たり前だった類の質問をしたとき、新しい職場では「悲観的な批評ばかりしてはいけない」と注意されたからであった。

特に業界とビジネスモデルが変わると、質問の御作法も変化することに驚いてきたものである。

第一に驚いたのは、投資銀行からコンサルティングファームに移ったときだ。コンサルでは仮説を考えてそれを「検証」する。しかし「検証」の実態は、実はインタビューで内部事情に詳しい人が同意したかどうかといった、意外と大雑把なものだったりもする。したがって、仮説を相手に投げかけて、合っているかどうかを問う形式が多かったのだ。

このとき私は、仮説検証というより何やら「事情聴取」みたいだと思ったものである。

第二に驚いたのは、コンサルファームから公開株運用会社に移ったときだ。ここでカルチャーショックだったのは、ファンドマネジャーからよく、「コンサルのように経営陣に自分の仮説を追認してもらうような質問をしてはダメだ」とたしなめられたことである。**このような質問だと、相手の回答の幅を限定してしまい、本当の実態を幅広く知ることができない**と諭されたのだ。

よって、あえて仮説を持たずに無知を装い、無邪気に反論することが重要だと考える人が、資産運用業界の中には結構多かったのである。

第三に驚いたのは、公開株運用からＰＥファンド業界に移ったときだ。

投資委員会や、投資先企業のアップデートミーティングにおいて、私は前職の癖で、財務予測モデルの前提が非現実的だとか、こんな急激に売り上げと利益が上がるようなモデルは見たことがないだとか、「予測が現実的ではないのではないか」という質問をしがちであった。

これに対し私が上司に叱られたというか、助言されたのが、「評論家のように、**悲観的な質問ばかりしてはいけない。大切なのはどうしたらそれを実現させることができるか、という建設的なインプットだ**」という一言であった。

そのとき、私は遅ればせながらビジネスモデルの違いに気づき、いたく反省したものである。公開株の投資家は、あくまで価値の評価をする側なので、ともすれば評論家的だ。これに対しPEファンド業界では、投資先の株式の過半数を握るコントロール投資家として、どのように価値を向上させるかが、会議及び質問の大きな目的となるのだ。

ビジネスモデルが変われば、そこで必要とされる質問のタイプも変わるのである。

なお、これは「職業別に異なる質問の御作法」に関する余談だが、**私が密かに注目して楽しみにしているのが、大相撲の勝利者インタビュー**である。

いかにもNHKらしい生真面目なインタビュアーが、勝利者力士に「いい相撲でしたね。今場所、どのような目標をお持ちですか?」とお決まりのように質問する。

すると、ほぼすべての力士がハァハァゼェゼェいいながら**「一番一番、自分の相撲を取るだ**

けです」などと返して、「ありがとうございました」とインタビュアーが締めるのだ。

この質問は、本章で論じてきた絶対ルールをすべて無視しており、まったく付加価値のある情報を引き出せていない。しかし、それを引き出してもいけない状況でもある。

オーディエンスの期待は、決してユニークな教訓の獲得にあるのではなく、「謙虚に、一番一番頑張るだけです」とインタビューを受ける力士が言ってくれるのを、伝統芸能の一環として鑑賞することにあるからだ。

したがってあなたが百万が一ないし千万が一、お相撲さんの勝利者インタビューをする仕事に就かれても、本書で学んだことを参考にして「**一番一番頑張るだけです、以外でお願いします**」などと回答の退路を防いではならない。

中には、本音を深掘りしてはいけないインタビューも存在するのだ。

ともあれ、業界やビジネスによって重要な質問は変わってくる。しかしどのような仕事でも、評論家的に相手を批判ばかりする質問ではいけないと、自戒を込めて強調させていただきたい。

＜教訓＞

悲観的な批評だけではなく、建設的な雰囲気を醸成する質問を心掛けよう。業界やビジネスモデルによって、重要な質問のタイプは変わってくる。

絶対ルール 6

「傾聴の重要性」は、傾聴に値する

共感力で「心理的安全地帯」を築こう

人の行動を変えるには、外部から説得するのではなく、深く気づかせるような質問をすることが重要である。人は、外から言われると反発するが、自分自身で気づけば腹に落ちているだけに、行動につながるからだ。

信頼関係に基づく深い質問で自分の思い込みや無意識に気づかせ、「ベストの自分」に近づけるためのものとして、コーチングの傾聴がある。

効果的なコーチングのために第一に重要なのは、**相手を理解して孤独を和らげてあげること**だ。

私は先日、コーチング業界のリーディングカンパニーの社長にお目にかかる機会があった。彼は、**コーチングは実は答えを教えるわけではなく、ひたすら傾聴して相手を理解し、相手の孤独を和らげるだけでも価値がある**とおっしゃっていた。この傾聴の威力は、まさに傾聴に値する。

コンサルと違い「答え」を出さずに、時には年間800万円で合計10時間面談するだけ、といったビジネスが成り立っていることを考えると、コーチングとは「本人に気づかせるプロフェッショナル」と言えるだろう。

実際にコーチングプロフェッショナルは答えを知っているわけではない。

それでも傾聴によって経営陣に**「誰かに理解されている」という安心感を与えることのインパクト**は大きい。

「自分自身及び自社の価値観に関する気づき」が深まり、年間数千億円を売り上げる企業のトップの判断を少しでも良くできれば、企業側は十分もとが取れるのである。

効果的なコーチングのために第二に重要なのは、**何を話しても大丈夫という安心感である。**私自身が受けたいくつかのコーチングの経験から申し上げるが、良いコーチは信頼を受け、何でも話してもらえる関係を構築できる。いわゆる「心理的安全地帯」を築くことができるものである。

これに対して残念なコーチは、なんだかんだ言って自分が考えるやり方や価値観を押しつけようとするし、最後はどこかで情報を流出させているのでは、という不信感が消えない。残念ながらそのコーチ自体がストレスの源泉になっており、いわば「**心理的危険地帯**」を築いてしまっているのである。

上司と部下が一対一で行う1on1ミーティングなどでも、コミュニケーションがうまくいかず、相手に「気づき」を与えられないのは、この「心理的危険地帯」を築いてしまっていることに原因がある。

この心理的安全地帯を築くために、コーチング技法を教えるビジネススクールで教わるのが、**お互いの行動原理や価値観の源泉を共有**するということだ。

自分の弱みやコンプレックス、そして最も傷ついた幼少期の経験などを共有することで、**「自分の弱さを見せても大丈夫なんだ」という安心感を醸成する**のが、この心理的安全地帯構築法として重視されている。

ちなみに下手なコーチは、傾聴ではとにかく原体験を聞きさえすればいいと思っているので、相手からも通り一遍の「回答用につくられた原体験」しか共有してもらえないことに気をつけよう。

そして第三に重要なのが、**傾聴しているときに相手を判断しない**ということだ。業界用語でNon-Judgmentalというのだが、**判断されたり口出しされたりすること自体が相手のストレスになり、相手を傷つけてしまうケースが非常に多い**のだ。

しかしご安心いただきたい。そういうときに誰にでもお手軽にできるのが、「それは間違っている」や、「いい加減にそろそろ、決断したのか?」などの判断を伝えずに、ただただ**「ふーん、あなたはそう思ったんだねぇ」と、聴くに徹することだ。**

信頼関係もなく、求められてもいないのに、判断されたり決断を求められたりすると、それ自体がストレスになって、心理的危険地帯が作られてしまう。

それに対し、ただただ聴くことで、**「自分の気持ちに共感してくれた」**という安心感を与えることが重要なのである。

もちろん、そのような特別な関係を構築するには時間がかかるものだ。しかしその第一歩として、相手を理解し、安心感を与え、判断せずに共感する心掛けが重要なのである。

教訓

相手の行動を変えるコーチングの神髄は、「気づかせる」傾聴をすることである。そのためには自分が共感し、相手を傷つけない「心理的安全地帯」を築けているかを自問しよう。

コラム

恥ずかしい質問の、社会的コストは甚大？

的外れな質問で、ありきたりの回答しか引き出せない「恥ずかしい質問」をしないために

本章の冒頭でも述べたように、いろいろなメディアの取材を受けたときに感じる壮大な違和感は、「そんな的外れな一般化、無理ですよね」や、「私、そんなこと言ってないでしょ」という、メディア側の「結論ありき」の編集姿勢への疑問であった。

幸か不幸か、以前に私を担当していた編集者が「グローバルエリートネタ」や「一流、二流ネタ」を好きだったため、確かに私のコラムもそれらをテーマに書くことが多かった。結果的に他のメディアからいただく取材依頼も、「世界のエリートならこうする」「一流と二流の違いとは」というテーマで聞かれることが非常に多いのだ。

そこで私はいつも、「世界のエリートだから休暇はこう過ごしている」とか、「世界のエリートがやっている勉強法」のような、いささか軽薄な一般論はあるわけもないし、**私もそんな質問には答えられないですよ、と念を押して、トピック自体や「エリートという単語の定義」を**

〈質問力チェックのためのマトリクス〉

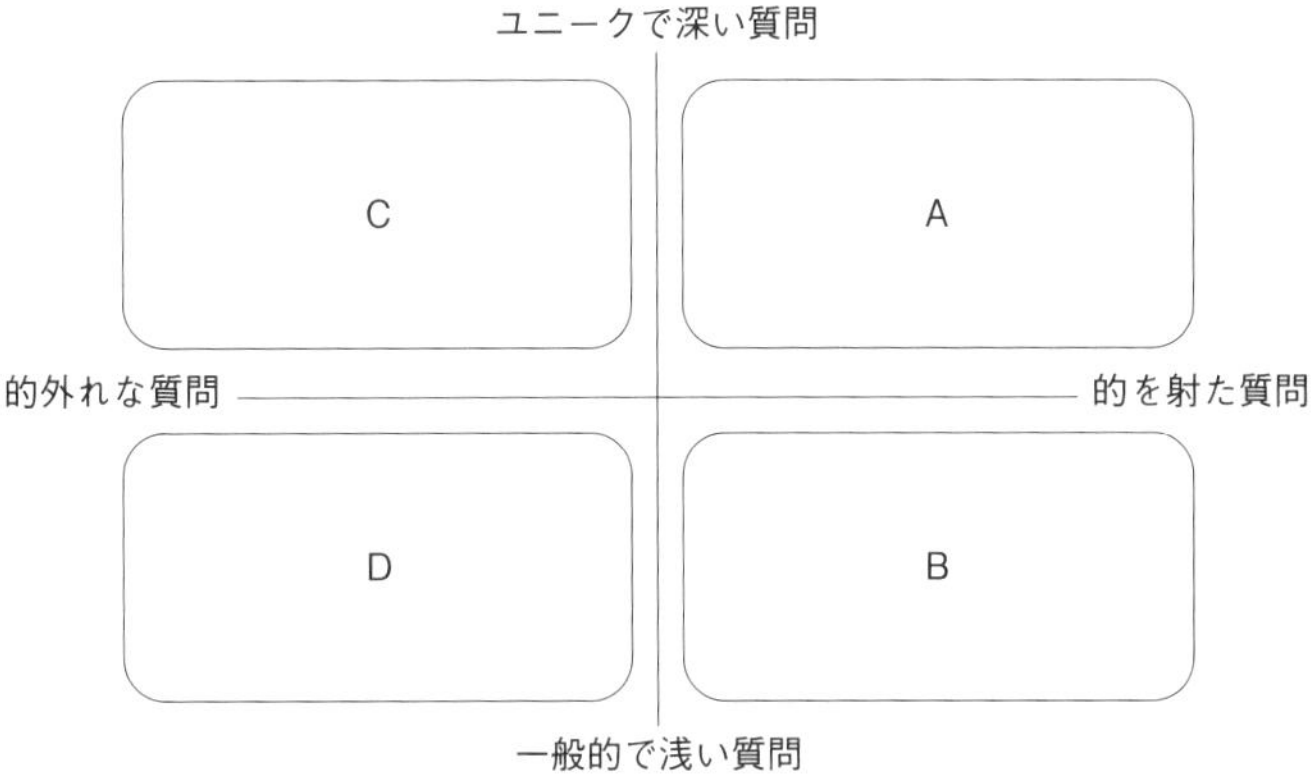

変えようとする。

確かに本書でも「世界トップエリートのコミュ力」と表現しているが、決してエリートはこうだから見習おうという内容でないのは、ご理解いただけるだろう。

そもそも私は、一般的な意味での「エリート」という言葉が大嫌いである。本書でいうところの「世界トップエリートのコミュ力」とは、**学歴や職業にかかわらず重要な、世界標準のコミュニケーション能力の基本**を指している。

実際は「エリート」の定義などは曖昧であり、その実態もピンキリだし、いわゆるエリートでもコミュニケーション能力が低い人もいれば、学歴などなくても、能力と人格が極めて高い人もいくらでもいる。

それなのに「エリートとは……」などと無理な一般化を求める雑誌の企画は取材時間のみならず、その後の原稿チェックに多大な時間がとられてしまうものである。

しかも不本意な内容と構成のまま世に出された場合、読者も得るものが乏しいし、私も「どれだけ低レベルなコメントをするんだ」と誤解されるし、出版社側も「くだらない特集するよね」とブランド価値を下げ、三方不幸になってしまう。

ここで申し上げたかったのは、質問というのは文字通り、基本的には「質」を「問う」べきものであるということだ。**多くのメディアがするような「浅薄な一般化の押しつけ」のための「一応お尋ねして聞きましたよ」というアリバイ作りに終始してはいけないのである。**

それでは最後に、本章で学んだ6つの絶対ルールの重要なエッセンスを、以下の2軸に割り振って、「質問」マトリクスの各象限の特徴及び、改善法についておさらいをしよう。

●的を射た質問をしているか
●ユニークな情報を、効果的に引き出せているか

【A】的を射た質問をしているか○
ユニークな情報を、効果的に引き出せているか○

質問が最高にうまい人の特徴は、しっかりと質問の目的を考え、優先順位の高い問いを投げかけられるという点である。そして回答者が的外れな回答に終止するのを防ぎつつ、効率的に深い回答を引き出せる。

また、相手が答える意義を感じる質問をして信頼関係を構築し、バランスの取れた質問ポートフォリオを用意する。時には反論や「理解が遅いふり」をして相手の回答の整合性を確認し、建設的な質問も交えて回答の質を高めていく。

そして他人との間に心理的安全地帯を築き、傾聴を通じて相手に気づきを与えることで、その行動をも変えていくのだ。

【B】的を射た質問をしているか〇

ユニークな情報を、効果的に引き出せているか×

的を射た質問をしても、ユニークな付加価値のある情報を引き出せない人は、付加価値の希薄な情報を大量生産する羽目になる。

これは、インタビュー慣れした著名人や老練な政治家に回答をはぐらかされる、追求力の低いジャーナリストによくみられる残念な特徴だ。

こういう状況にある方は、既出の回答を事前に指摘して同じ回答が出るのを防ぎつつ、適度に反論を加えたり他の情報との整合性を確かめたりするなどして、**相手が用意してきた「公式回答」以外の深い情報を引き出すように心掛けよう**。

【C】的を射た質問をしているか×

ユニークな情報を、効果的に引き出せているか〇

本題ではないトピックで、ユニークだが的外れな質問ばかりしてしまう人は少なくない。こういう状況にある方は、質問の目的と優先順位を考え、質問の意図とともに問いかけるようにしよう。

では逆に自分が的外れな質問ばかりされて、それに付き合っていられないときは、どうしたらよいのだろうか？

こういう状況にある方は、相手の顔を立てつつ**「実質的にはこういうことを聞いてらっしゃいますね？」などとまったく違うトピックに誘導し、より優先度の高いトピックで議論をコントロールすることも重要である。**

【D】的を射た質問をしているか×
ユニークな情報を、効果的に引き出せているか×

会議やセミナーなどの場で、「いったい質問の意図は何なのか？」という意味不明な発言をして、相手を困らせ、オーディエンスの時間を無駄にする。そんな恥ずかしい質問者に遭遇する機会は少なくない。

これが困るのは、膨大な数のオーディエンスが、その退屈な質問と、それに紐づくしょうもない回答に耐えなければならなくなるからだ。**参加者がそこで浪費する時間を時給換算すると、かなり高額の社会的損失が発生していることになる。**

自分がしている質問の優先順位を自分自身で説明できず、また何を聞いているのかも周囲が理解できないという、大学時代の私のような恥ずかしい人は、いったいどうしたらいいのか?

こういうときは、まずはせめて何を聞いているのかだけは伝わるように、最初と最後で質問内容を端的に繰り返そう。また**自分がしようとしている質問は、はたしてどのような基準で選んだのか、自問自答しよう。**

それでも改善が見られない場合は、自分の目立ちたい気持ちを抑えて、他人に迷惑がかからないよう、人里離れて静かに暮らすことも御一考いただきたい。

第5章

確かな情報を手に入れるインテリジェンス戦略

受信力の基本

なぜあの人は易々とだまされ、一貫して間違っているのか

残念すぎる受信力の3大欠陥と、情報強者の6大絶対ルール

「メディアリテラシー」とは何かを端的に言えば、さまざまなメディアから発信される情報を選別して、信頼性を評価・判断するインテリジェンス戦略の基礎である。

この**「正しく受信する力」は正しい情報を適切に発信するための、そもそもの前提条件**となる。

インターネットやSNSが普及し、誰でも簡単に情報発信ができるようになったことで、巷には玉石混淆の情報があふれるようになった。時には既存メディアが報じない事実もあるが、単なる出まかせも急増している。

そんななか、グーグルのレコメンデーション機能などAIの働きにより、自分が好むコンテンツばかり表示されるようになっている。

結果的に反対意見や違う視点に触れられず、**情報を得れば得るほど偏見が強化されるという、残念な落とし穴にはまっている人が増えてしまった**。

特にネット上ではPVやアクセス数を稼ごうと、信頼性やクオリティは二の次で、センセーショナルなタイトルや内容で人々の関心を煽る「扇情的コンテンツ」が圧倒的に増えている。特に近年、歴史や外交問題に関する報道でその傾向が顕著だ。

なぜ私がメディアリテラシーについて論じる資格があるのか？　それは私が日本語・韓国語・英語・中国語を努力の結果、扱えるようになったので、毎日この4カ国語でニュースを聞き、読んでいるからである。

4カ国語のメディアでそれぞれの国の視点で同じトピックの情報を取り入れて感じるのは、**各国が報じる情報はしょせん一面的で、プロパガンダやレッテルだらけ**だということだ。

別に「私はレアキャラだろう」と威張っているわけではない。謙虚に白状すると、実はこのくらいの人は世の中に結構いるので（中国生まれの朝鮮族で英語を学び、日本に留学に来ている人でこの4カ国語を話せる人は結構いる）、私はいわば、「ミディアムレア」程度だ。

しかも今のようにグーグル翻訳が発達すると、他国のニュースを無料でいくらでも結構な精度で翻訳できるので、こんな私の習慣など、そのうちなんの希少価値もなくなるだろう。

しかしそれでも、一国の政府やメディアに縛られず、複数の言語とメディアで情報を仕入れるようになると、見る視点が多くて視野が広がり、意識する時間軸も長くなり、見える全体像が格段に大きくなる。

実際に米中貿易摩擦や日韓論争、２０１９年末をにぎわせたカルロス・ゴーン氏の日本脱出や、２０２０年初頭の台湾総統選といったトピックについて、同じ問題であるにもかかわらず、各国で視点や力点がまったく異なり、描かれるストーリーも偏見だらけで、まったく別物になることが多い。

そんな「偏見」の多くは往々にして、次の３つの掛け合わせによって受信され、発信されることになる。

・発信者が抱えるさまざまな偏見と利益相反

・偏見に反する情報を排除する、「間違った一貫性」
・自分が属する集団こそが正しいと信じる「内集団バイアス」

基本的にはどんな国でも、ほとんどの媒体、メディア人、執筆者が、特定のバイアス（スポンサー企業や関係の近い政治家やビジネスの人間関係、有力者を支持して近づきたいという下心、支持者層への忖度など）を有している。

またその支持者は、**人間の悲しい本能に支配され、自分たちだけが正しいと確信してしまっている。**

この際、最初の思い込みは単なる受け売りから来ているのに、所属する集団に「いいね」と賛同してもらううちに、それによって承認欲求を満たすようになる。

しまいには、その「受け売りだったはずの他人の意見」を過激にエスカレートさせることが、自分の承認欲求を満たすための、困った生きがいになってしまう。

そして自分の偏見に反する情報には、耳をふさいで否定・排除することに必死になってしまい、「愚かな一貫性」を獲得してしまうのだ。

情報の正しさではなく、特定の集団から同調してもらえる情報を流して、視聴率をとることに勤しむ残念なメディアに日々接する中、**「情報のバイアスをどう読み解くか」**、そして「**自分自身のバイアスとどう向き合うか**」という「メディアリテラシー」の重要性が、ますます高まっている。

「専門家」と、コンセンサスが間違っていることも多いと気づこう

メディアリテラシーを磨く6大絶対ルール

なお大勢が信じている、いわゆる専門家が発信している情報が間違っていることも多いということは、ビジネスでもよくある現象である。

私は投資の仕事をする中で、一つの銘柄・企業が発信する情報でも、アナリストによってまったく違う受け止め方をされることを実感してきた。

10人のアナリスト全員が「ストロングバイ（絶対に買うべき）」だと薦めた銘柄の株価が急落して大損をしたこともあれば、逆に「ストロングセル（絶対に売るべき）」だと言った銘柄が高騰して、投資の機会を逃したこともある。

要するに、専門家や多数派が間違っていることも大いにありえるのだ。これに気づくためにも、視野を広げて自分の思い込みを自覚する、不断の努力が重要である。

このような経験から、私はいわゆる間違ったコンセンサスや、偏見あふれる発信者を見破る術を磨いてきた。

本章では、その中でも特に重要な次の6つの絶対ルールを通じて「メディアリテラシー」を高め、偽情報や間違った思い込みに踊らされないための、「情報を読み解く力」を強化していこう。

【絶対ルール1】媒体のステークホルダーと支持者を分析しよう
【絶対ルール2】著名人による、「わかりやすく面白い説明」に要注意
【絶対ルール3】「専門家」「法的根拠」「科学的根拠」にだまされてはいけない
【絶対ルール4】「レビュー」や「炎上」を真に受けてはならない
【絶対ルール5】「愚かな一貫性」の危険さに気づこう
【絶対ルール6】自分自身の「内集団バイアス」を疑おう

絶対ルール
1

そのメディアは、どんな情報で誰を喜ばせたいのかを考える

媒体のステークホルダーと支持者を分析しよう

情報のバイアスを読み解く力を高めるうえで外せないのが、対象メディア自体に対するバイアス分析である。特に政治（中でも外交）に絡む記事だと、媒体名や執筆者名を見た途端、結論とトーン、誰を批判して誰を持ち上げるのかは、ほぼ一瞬で予測できるものだ。

このバイアス分析で第一に注目すべきは、**メディア企業の経営陣や編集長と、権力者との関係**だ。

そもそもメディアは世論を左右するため、その経営陣は政治家と関係を持ちやすい。よってメディアの社長、中でもオーナーの創業社長が政権とべったりなときは、その企業から出版される雑誌も本も、基本的に政権擁護論に満ちあふれることになる。

悲しいかな、メディアや企業経営者の中には、権力者に会食に呼んでもらえるのが、嬉しくて嬉しくて仕方がない人も多いのだ。そして実は自分は利用されているだけなのに、悦に入って有力者との写真をSNSに上げたりする。

これに関しては、たとえばなぜこのチャンネルは政権擁護ばかりしていて、その局の報道番組に呼ばれるコメンテーターも、権力者との花見などに呼ばれているのかを考えてみよう。

第二に注目すべきは、**そのメディアのビジネスモデル（スポンサー企業を含む）**だ。たとえば政府予算から仕事を多く受け持っているメディアは、政府批判を自由にできるとは考えにくい。

注意深く調べてみると、そのメディアのCMにスポンサー広告を出す企業のオーナーが、なにかとよく政府の審議委員会や、政府関係者との会食に招かれていることにも、気づくかもしれない。

経済メディアに目を向けても、日本株を売りたい資産運用会社がスポンサー広告を出している経済紙は、その号で経済と株式市場の悲観論など載せることができないか、少なくとも忖度するだろう。

またその媒体で、リクルーティング広告やブランド広告を出してくれている企業への批判記事など、遠慮なく書くことは難しいはずだ。

実際に私も経済紙に寄稿するときは、そのメディアに広告を出している企業への批判は、編集部から何も言われなくても書きづらいのだから。

第三に注目すべきは、**そのメディアの読者層・視聴者層の特徴**だ。そこの雑誌を買う人は何を信じたい人たちで、どんな特徴があるかというペルソナ分析ができるようになったら、私たちの媒体分析力も一人前である。

長年の読者層の固定観念は強いため、途中で論調を変えられず、さらに偏見を強化させていくしかなくなる。

そんななか、政権に近しいメディアが増えれば、社会で自動的に「偏見強化サイクル」が形成され、「官製民意」を生み出す。つまり**政治家の発言を、政治家に気に入られたいメディアがそのまま垂れ流し、それによって世論が形成され、それをもって「民意を聞くのが民主主義」などとのたまうパターン**である。

こう聞くと、公正中立なメディアなど存在しえないと思われるかもしれない。そしてその通り、そんなものは存在しないのである。

だからこそ、両極端に異なるメディアを、「こんなことを信じている人がいるんだ」と市場調査をするような、少し離れたスタンスで広く眺めることが重要なのだ。

媒体分析など難しいと思われるかもしれない。しかしご安心いただきたい。誰にでもできる簡単な第一歩としては、いつも似たような批判記事や賞賛記事を目にしたとき、どの媒体名か確認するだけで、「あ、またこの媒体だ」とその特徴を意外と簡単に把握できるようになるものなのだ。

特に政治的なメディア情報に関しては、その情報を誰がどんな利害関係と意図をもって流しているのか、**その情報が誰を忖度し、誰を喜ばせるために発信されているのかを検討しなければ、いとも簡単に情報操作されてしまう**ので気をつけよう。

〈教訓〉

情報の確かさを分析するときは、そもそも特定の媒体が持つバイアスとコンフリクトを考えよう。

絶対ルール2

間違っている人の、残念な3大特徴を見抜こう

著名人による、「わかりやすく面白い説明」に要注意

情報発信者の信頼性を見極めるために重要なのは、一次情報の有無や反対意見への態度、また読者や視聴者への敬意を見極めることである。

第一に怪しさを疑うべきは、**「わかりやすさ」を売りにしているが、複雑な真相を知っているわけがない「謎のコメンテーター」たち**だ。

残念ながら信頼できる専門家による、複雑でわかりにくい事実よりも、「フィクションを伝えるプロ」による、わかりやすく面白い偽情報のほうが、圧倒的に拡散力が高く、社会の大部分がだまされやすい。

たとえばメディアで歴史や政治、外交を論じるのが、（質の高い発信をする人もごく一部いるが）専門性がなく、視野が狭く、目線も低いフィクション作家や漫画家、お笑いタレント

や、特定の政治家に近い評論家であることは非常に多い。

２０１８年末に出された、某作家の歴史ベストセラーがウィキペディアの間違いコピペだらけだと話題になった通り、面白くても事実や真実は期待できないのだ。

実際のところテレビや雑誌に出てくる「〜に詳しい専門家」は、**本当の専門家から見れば、単にネットニュースをつなげて話している、「受け売りの専門家」程度の人も非常に多い。**はたしてその「識者」は現場の多様な一次情報にアクセスできる人なのか、それとも単にメディアで期待される役割を果たしている「非常識者」ではないのかを、考える必要があるのだ。

第二の怪しげな特徴が、**反対意見に対して感情的な罵詈雑言を浴びせる**ことである。特に広い視野や見識があるわけでもなく、単に「極端な偏見を好む人たち」に祭り上げられているケースでは、反対意見に対して感情的な個人攻撃に出ることが多い。

その典型例が「偽《にせ》メディアにだまされるな」「かの国のスパイだ」「国を貶めるな」という、おなじみの「3大自動反応」だ。しかし**その支持者も、実は事実や論理よりも、偏見への賛同**

と強化を求めている。したがって反対意見に事実やロジックで対応するのではなく、的外れな個人攻撃や罵声に逃げるのだ。

このような人は何か情報収集をするとき、自分が信じたいことを強化する内容しか学習できないので、結果的に勉強すればするほど、ますます偏狭になる傾向がある。

第三の悲しい特徴が、いわゆる**「情弱（情報弱者）な信者」を、食い物にする**ことである。

私が不思議に思っているのが、知名度を活かして、怪しげなダイエット食品や美容製品、中には命を左右する「効果のないがん治療法」や、昔話題になった怪しすぎる「血液クレンジング」などの宣伝に平気で登場する、著名人たちだ。

おそらくタレント本人はその製品を使っておらず、ビフォー&アフター比較の画像も修整しまくっているだろう。

こうして「これを飲むだけで簡単にダイエット！」薬やら、怪しげな育毛剤の宣伝など、自分を支持してくれるファンたちへの実質的な詐欺に加担しているということに、良心の呵責《かしゃく》を感じない著名人が驚くほど多い。

通常の感覚なら自分を信じてくれている人には、自分が名前をかけて確信をもって勧められ

るもの以外、推奨したくないはずだ。

しかしだまされている信者は、嬉々として「教祖」の仰せのとおり消費し続け、その連帯欲求と承認欲求を満たすのである。

ともあれ、**複雑な全体像を無視することでわかりやすくし、反対されるとすぐ怒り、信者に何かを売りつけてくる人が発する情報は、たいてい“Garbage in, Garbage out”の運命をたどる**ことになるので、くれぐれも気をつけよう。

教訓

「信者」を食い物にする、「わかりやすいが間違っている情報」に気をつけよう。一次情報の有無や反対意見への態度で、その人の発信情報の信頼性が推し量れる。

絶対ルール 3

「見せかけの3大根拠」を見破ろう
「専門家」「法的根拠」「科学的根拠」にだまされてはいけない

正しく情報分析をするには、客観的な正しさを装うために使われる3大トリックを見破るようにしよう。

第一に見破りたいのは、**「専門家が言っているから」というトリック**だ。

確かに専門性はあるが、**その人が情報発信する目的を見定めなければならない**ケースも多い。

たとえば「専門家」の中には、単に権力者や利益団体に実質雇われている「第三者を装った大学教授」なども少なくない。

また政府や省庁の有識者会議は、政府や官僚がやりたい政策に賛同してくれる御用学者を「専門家」として招聘《しょうへい》するものである。中には権力者に気に入られるために、別に自分の意見はないのに賛同してすり寄る、怪しげな「専門家」もいる。また本音はさておき、支持者は何を聞きたいのかを考えて発言する人も多い。

他にも、**企業で不祥事が起こったときに雇われた弁護士による「第三者委員会」が、本当に第三者だった試しもない**。お金を払っている企業側が、弁護士には「ガス抜き程度に、致命傷にならないくらいのご批判をお願いします」と後ろで握っていたりするのだ。

さらには、自分の専門外の分野にも、専門家として登場する人も少なくない。

これからは「専門家が言っています」などと説明されたら、**その専門家が一体何の専門家で、どのような目的で情報発信しているのか**、注意するようにしよう。

第二に見破りたいのは、**「法的根拠」に代表される、プロパガンダ**だ。

たとえばどこの国でも権力者は都合の悪い事態に際して、「法律にのっとって処理する」と正当性を主張する。

しかし重要なのはどの法律を適用するかと、法律の中身の評価ではなかろうか。

たとえば某超大国の「お前を一方的に攻撃して資源を収奪する」という内容の法律でも、議会で通過してしまえば「合法的」という、美徳の衣をまとわされる。

ちなみに大英帝国による世界中の植民地支配は、それこそ「合法的」に行われ、その方式をさまざまな国が真似した。

たとえば弱い国が反撃すれば「テロ行為」とレッテルを張られるが、強力な覇権《はけん》国家が法律をつくって過酷な先制攻撃をしても、「合法的な正当性」の隠れ蓑《みの》をまとえることに、だまされてはいけない。

実際にどこの国の政治家の答弁を聞いていても、後ろめたい回答をするときは「法律・法令にのっとり、適切に処理する」と説明しつつ、実際は「いくら酷くても、法律にしたからいいねん！」という内容も少なくないのだ。

しかし冷静に考えれば、法的判断以上に、多様な価値観や人権意識の変化を踏まえた総合的判断が、限定的な法的判断より重要なのはいうまでもない。

この点、**権力者によるプロパガンダをうのみにして、それをいつのまにか自分の意見と勘違いして熱心にオウム返ししている人**は、要注意である。

第三に見破りたいのが、**「科学的エビデンス」というトリック**だ。

このエビデンスという言葉を賢げに多用する人がいるが、中身を見ると何の証拠にもなっていないことも少なくない。

往々にして、２つの集団の間に95％の信頼水準で統計的に有意な差が見られたかどうか、などといった集団間の比較分析が多いのだが、それを神のごとくありがたがる人が多いのは、それこそ新興宗教を見る気分である。

中でも恥ずかしいケースでは、何をレビューさせても「それは科学的エビデンスに基づいていないです」としか言えない人もいる。

実際の話を言うと、データ分析で**集団全体の傾向に差があったからと言って、それが個別の自分の事例に当てはまることを意味するわけではない**。

仮に炭水化物カットで痩せるという「科学的エビデンス」があったからといって、糖分の分解や排出機能は個々人で異なり、自分には当てはまらないことも十分にある。おまけに「痩せる」という評価指標を超えた総合判断をしたら、健康を害しているかもしれない。

そもそもデータ分析ではデータの選定方法や結果判定基準の設定法で、**いくらでも結論ありきの主張に「科学的」というオーラをまとわせることができる**のである。

これが環境問題やたばこの健康被害、特定の治療法の効果測定などで、科学的分析をしているはずなのに、推進派と反対派で結論が正反対になる理由だ。

ちなみに「専門家」「法的根拠」「科学的根拠」という3つのトリックすべてにだまされる人を「ハットトリック」と呼ぶことをご存じだろうか？

しかし、**このようにすべってしまった冗談も真に受けて炎上する人も、メディアリテラシーが低いと言わざるをえない**ということに、気をつけよう。

〈教訓〉

正しそうな印象を与える「根拠」に、安易にだまされてはいけない。専門家、法律、科学的エビデンスも、トリックが多いと心得よう。また、単なる冗談を真に受けないようにしよう。

絶対ルール

4

「レビュー」や「炎上」を真に受けてはならない

コラムが炎上しまくって発見した、「30対1の法則」

ここまではメディアや「確からしい根拠」を過信する問題点を指摘してきたが、さらに警戒すべきが、ネットのレビューである。

というのも、メディアやＣＭが信頼できないからと、レビューやネットでの評価を過信して、やはり失敗することも多いからだ。

第一に気をつけたいのが、**レビューが大いに歪められている実態**だ。たとえば熱烈なファンや仕事での関係者が多い人の本に関しては、その支援者が書籍発売当日に大量のアマゾンレビューを投稿するのは、新著発売時の風物詩である。

悪質なケースでは、飲食店の某有名口コミサイトが、掲載飲食店のレビューの点数を上げるために飲食店に金銭を要求したり、アマゾンにレビューを書くために雇われる人々がいたりもする。

実際に私がひいきにしている寿司屋さんは、その素晴らしいクオリティにもかかわらず口コミ運営サイトに協力していないからか、極めて低いレビューに甘んじている。覚えておきたいのは、「レビューが実態を反映していないことも多い」という事実なのだ。

第二に気をつけたいのが、**レビューの評価基準が、自分の評価基準と違うことも多い**ということだ。レビュースコアは商品やサービスの良し悪しより、個人の好みとのフィットの問題であることが大半である。

たとえば私の書籍は常に、アマゾンレビューで1と5、つまり最低と最高が多い。

私は興味がわいて、購入履歴がないのに私の本を酷評している人々が、他にどのようなものを勧めているか見てみた。すると案の定、本章の序盤で触れた「ウィキペディアコピペ本」などを熱心に信奉されているではないか。

特にネガティブレビューに関しては、中には納得できるものもあるが、購入履歴もない人が本の内容にまったく関係ないことを書いて批判していることも多い。単にその人の評価基準が「自分の思想信条に合うかどうか」になってしまっているのだ。

他にもよく疑問に感じるのが、大学ランキングだ。私の元にも毎年のようにさまざまな媒体からMBAランキングの投票などの依頼が寄せられるが、その評価指標が必ずしも学生の目的や目指すリターンとかみ合っていないことも多い。

同じ問題は、よくある「働きやすい会社ランキング」などにも散見される。

しかしいくら他の大勢が高く評価、ないし低く評価していても、それらの評価がどのような基準と意図で書かれているのかを、読み解くことが重要なのである。

第三に覚えておきたいのが、**少数の怒れる批判のほうが目立つが、静かな支持者のほうが圧倒的に多いことも大いにある**ということだ。

私のコラムはおかげさまで、よく何百万PVを記録し、コメントも何千と集まっていたのだが、そこで発見したのが**「30対1の法則」**である。

たとえば、コラムを楽しんで肯定的に見てくれた人は、「いいね！」を押してくれるのだが、仮にそれで「3000いいね！」を集めたとしよう。

すると、だいたいその30分の1の量のコメントがあるのだが、そのコメントはほぼすべて、酷い罵詈雑言と憎悪に満ちあふれているのだ。

これが意味するのは、肯定的な評価をする人のエネルギーは「いいね！」をポチッとひと押しする程度なのだが、怒っている人でしかも暇な人は、ネガティブな書き込みに全精力を費やすということである。

この30対1という比率は時とコラムによってもちろん変わるので、一般化するわけではない。しかしながら、**ネガティブなコメントを見て「世間は皆、怒っている」などと過度に心配するのは、大いに間違っている**ということである。

特に私たちの社会のメディアは、怒っている人からの投書や電話（いわゆる電凸）に弱い。しかし実はその30倍、いやもっと多くの、サイレントサポーター（静かな支持者）がいるかもしれないことを忘れず、批判に対して、過度に萎縮しないでほしい。

私自身、「炎上してもまったく気にしないね、あなた」と感心されるのだが、それはあまりにも酷い罵詈雑言を長らく浴びてきたので、完全に神経がマヒして、何を書かれても「こんにちは」「ごきげんよう」くらいにしか感じないからだ。

しかしここで私たちが覚えておきたいのは、このような「炎上に世論が引っ張られる」という事態を避けるためにも、つまらない炎上に対しては萎縮ではなく、笑い飛ばすくらいの強さが必要だということだ。

批判や罵詈雑言をたくさん受けたからと言って、それが決して世論全体を反映しているわけ

ではないと心を強く持とう。

実情を知らない他人からのいい加減な評価より、すべてを知っている自分からのレビューを信じて、あまり人からの評価に一喜一憂しないようにしたい。

〈教訓〉
見かけ上の「炎上」や批判に流されて、過度に委縮しないようにしよう。

絶対ルール
5

700億円損して学んだ、高くついた「頑固さの代償」

「愚かな一貫性」の危険さに気づこう

さて、これまで論じてきたさまざまな偽情報や偏見の罠の落とし穴から這い上がり、「間違った頑固者」にならないためには、いったいどうすればいいのだろうか?

自分の間違った思い込みに気づくためにまず重要なのが、**人は自分自身も含めて、「矛盾や間違いだらけ」だと認めること**である。

私が某大手アメリカ系の資産運用会社で働いていたとき、投資レポートを書くときに「I think（私はこう思う）」ではなく「I believe（私はこう確信している）」と書くように指導されて、驚いたものである。「thinkだとトーンが弱いから、believeでconviction（確信）を示せ」とアドバイスをされたのだ。

これは、確信するくらい徹底的に調査して考えよという意味とも受け止められるが、長らく働くにつれ、これは西洋キリスト教文化圏の強い影響であると思うようになった。

よくアメリカ大統領の弾劾《だんがい》裁判や議会公聴会などで「最善の判断だと信じていたかどうか」が問われる。つまり、神に誓って最善だと信じて間違うことのほうが、悪意を持って嘘をついて結果オーライという状況よりも、高く評価される節があるのだ。

これと同様に、投資判断は当たるか外れるかわからないものだが、それを信じたうえでの判断であれば、不思議と間違っていても許される節があったものだ。

そして逆に驚いたのが、途中で考えが変わって判断を変更すると、「一貫性がない」と非常に怒られたことである。

この背景には、人格の一貫性（integrity）と「神への誓い」を重視する宗教観があるように思える。しかしこの調子だと、仕事上の判断を変えるのが、あたかも他の宗教への転向であるかのように「裏切り行為」と受け止められ、判断を変えづらくなる。**それこそ宗教のように一貫して信じ込んでしまえば、そこからは思考停止して軌道修正ができなくなってしまう**からだ。

宗教的信仰ならいざ知らず、ビジネスにおいては人は自分も含め、矛盾と間違いに満ちた生き物だと謙虚になることが重要である。

第二に重要なのが、私たちは**多くの間違った評価指標を信じ込んでいる**ことを、自省することだ。

たとえば資本主義ではROE（自己資本利益率）の拡大やEPS（一株当たり利益）の伸び、そしてGDP成長率などで、指導者が評価されがちだ。

しかしそんなものばかりを成長を測る尺度にするから、酷使されている労働者や環境破壊、食用家畜に対する酷すぎる取り扱いなどが、二の次になってしまう（私はコンビニのチキンがかわいそうすぎて、絶対に食べられない）。社会全体が脱貧困を目指す局面ならいざ知らず、社会状況が変わっても昔と同じ指標を頑なに追い求めているのは、指標が目的化してしまっていることを意味する。

おそらく皆さんの会社での評価指標にも、その追求が必ずしも会社や社会を良くするわけではないものが数多くあるだろう。

前提を疑い、目的や評価指標を再検討することは、価値観や哲学が試されるので精神的困難を伴う。しかしそれでも、目標の中身や評価指標を疑わない「達成」に、はたしてどのような価値や意義があるのかに、勇気をもって向き合うことが重要なのだ。

第三に、自分の「愚かな一貫性」、言い換えれば**「認知的不協和の解消欲求」を見つめることが重要である**。

人間は、信仰に反する情報を得て混乱する不安定な状態を極端に嫌う。よって一度なんらかの判断をすると、その初期判断に反する情報を不快に思って排除するようになる。これを**「認**

知的不協和の解消欲求」という。そしてこれは、私のキャリアで最大級の失敗につながったのであった。

これは大昔の話なので時効として書かせていただこう。私はかの、何度も不祥事と株価のストップ安を繰り返す「お騒がせ企業・タイガーパレス社（仮名）」を、まだ株価が高かったころに「ストロングバイ」とレーティングして、ファンドマネジャーにたくさん買わせてしまったことがある。

この「買わせてしまった」という表現でわかる通り、タイガーパレスの株価はその後、10分の1以下に落ちてしまったのだが、私は自分の「買い判断」を撤回できず、意固地に反対意見に反論を続けてしまったのだ。

当時の私は、自分の判断の一貫性と正当性にこだわり、投資先企業から噴出する経営陣の資金不適切使用などに関するニュースに目と耳を閉ざし、売却を勧める証券会社のアナリストからのレポートや電話に対し、強い反感を覚えてしまっていた。

本来ならば経営陣の信頼性の欠如から、「売り」に転じなければならない局面であった。しかし私は自分の誤った判断を認められず、**「愚かな一貫性」にこだわり、大失敗**してしまったのだ。

結果的に私が過ちを認めたのは、もはや意見を変えても無駄なくらい株価と業績と名声が落ちたあとであった。

時価総額が約５０００億円のときに、15％をファンドマネジャーが持っていたとすると保有資産額は７５０億円、この９割が吹っ飛ぶとなると、実に７００億円近くを失ってしまったことになる。

このことは「間違った一貫性」を守ることの、莫大なコストを学ぶ、痛々しい契機となった。

私が恥を忍んでキャリア史上最大の失敗をお伝えしたのは、自分の信仰に合致しない情報は無意識に切り捨ててしまっているという、自分自身の弱さを忘れないようにするためでもある。

教訓

自分の「確信」や評価指標を再検討しよう。自分の「認知的不協和」を解消するために、思い込みに反する情報を排除してしまっていないか、自省しよう。

絶対ルール 6

複数言語でインプットしてこそ気づく、自分と社会の大偏見

自分自身の「内集団バイアス」を疑おう

自分や自分が所属する集団の言い分こそが正しいとは、どこの国の誰しもが思っていることだ。しかし実際はそんなわけはなく、この思い込みを「内集団バイアス」という。

この問題は慣れ親しんだコミュニティだけで生きていると、特に不便を感じることもないので「自分には関係ない」と思われるかもしれない。

しかし私や最近の多くの若者のように、国を跨《また》いで複数のコミュニティで生きるようになると、俄然これが「自分ごと」になる。国際化が進む将来の社会のためにもどうか、お付き合い

いただきたい。

それでは、自分自身が所属する集団の中にいたらどうしても避けられない、自分自身の厄介な偏見に向き合うには、どのようにすればよいのだろうか？

第一に、自分が知らない視点があるはずだと、謙虚になることが重要だ。たとえば結婚したことのある方ならたいていの方が同意されるだろうが、夫婦喧嘩で相手側の自分勝手極まりない信じられない言い分と、結婚以前との落差に驚き、びっくり仰天された方はたくさんいらっしゃることだろう。

毎日顔を合わせる、一番会話が多いはずの夫婦ですら、視点や状況認識がこれだけ異なるのだ。これが見知らぬ他人が無数に入り乱れた集団同士であれば、どれほど信じられない誤解が多いか、想像できるはずである。

しかも国単位となれば政治家やメディアの情報発信は視点も力点もかなり違うのだから、**各集団が「自分たちこそ正しい」といきり立つのは、悲しい必然**だともいえよう。

だからこそ、「自分たちの集団が知らない情報や視点がたくさんあるはず」という謙虚さが、私たちが思い込みで暴走しないために重要なのである。

第二に重要なのは、他集団にレッテルを貼って単純化せず、モザイク状の多様な現実を見ることだ。この「内集団バイアス」と、それを刺激する「レッテル張り」に関しては、長年揉め続けている日韓関係に顕著にあてはまる。

私は京都生まれの韓国人であり、敬愛する日韓両国に愛する家族と友人、恩師や同僚がいる。よって、そこらへんの評論家や政治家、メディアよりよっぽど自分ごととして、両国の対立に胸を痛めている。

諸々思うところはあるが一点だけ皆様のご関心をいただきたいのは、実際は両国ともに実に多様な人がいて、モザイク状に入り乱れているのに、両国の政府及びメディアの多くが、**あたかも均質な「国民像」が存在するかのようにレッテルを張り、相手集団に先入観を植えつけているということだ。**

韓国には週末の光化門前に、しかもメディアがいるときだけ熱心に日本に対してデモをしている人もいるが、いわゆる反日ではなく反首相デモだという区別も広がっている。

加えて「日本は敵ではない！」と声高に叫ぶデモや、反大統領デモ（これが一番大きい）、反米デモ、反北デモ、また親米デモやらなんやら、とにかく多種多様なデモをしている人々がいるのだ。

日本側でもご存じのように、いわゆる「嫌韓コンテンツ」を熱心に消費、発信している人もいれば、韓国アイドルやコスメに熱心な女子高生・女子大生もいる。

大使館に脅迫状とともに銃弾を送りつける人や、いわゆるヘイトスピーチをしながら新宿を練り歩く人たちもいれば、それにカウンターで抗議する人もいる。

国が揉めても私たちは仲良くしよう、とSNSで書き込みを広げる人もたくさんいるし、ソウル市庁前のデモの中で、フリーハグをする日本の若者もいる。

これほど多様な集団があり、決して日韓対立という大ざっぱすぎる単位で語れないのに、メディアは一部の一時の映像を切り取り、「あの国は……」などと非難を重ねる。内集団バイアスにつけ込み、憎悪を煽って自分のビジネスや支持率につなげるのは、伝統的に政治かメディア関連の人が多い。

ところが最近は、ネットの書き込みだけでなく、私と同業界や同じ学校出身の身近な周囲にも、自国メディアの情報しか知らないことに起因する、対立感情が広がってきている。そこで両国に深い愛情と尊敬を込めて、あらためて書かせていただきたい。

政治家やメディアが煽るからと言って、民間も巻き込まれてはいけない。彼らは揉めたほうが支持率や視聴率が上がるから、ビジネスモデルとして得をする。しかしそれに引きずられて普通の市民が揉めても、私たちは損するだけなのだ。

モザイク状に入り組んだ多様な実態を知れば、一つの国民像に統一レッテルなどを貼るのは、政治家とメディアの「内集団ビジネス」だとご理解いただけるだろう。

現在では外国語が苦手でも、グーグル翻訳で、無料で簡単に他国のメディア情報を得られるので、ぜひとも情報源の多様化にトライしてみていただきたい。

第三に、私たちが受け継ぐチンパンジーの闘争本能を脱却し、「内集団」の外にいるのも、同じ人間だと認識することが重要だ。この「内集団バイアス」から自分を解放するには、自分の「内集団意識の根拠の薄弱さ」と、「時代遅れの本能」を見つめ直すことも有効である。

たとえば2019年に東京でラグビーワールドカップが開催されたとき、私はニュージーランドを必死に応援していた。ただそのきっかけは、もとはといえば単にあの「ハカ」（ラグビーニュージーランド代表のオールブラックスが披露する伝統的な踊り）を見たいだけであった。

それが、ニュージーランドを応援しているうちに脳内でその回路が強くなって、しまいには自分もオールブラックスの一員、くらいにおかしな洗脳状態になってしまったのだ。

私はラグビーのプレーは一切できないが、恥ずかしいことにカパオパンゴ（ハカの一種）だけは、オールブラックス並みに舞える自信がある。

そんななか、3位決定戦でウェールズ相手に20点くらい大差がついているのに、意気消沈しているウェールズファンを横目に、追加点が出るたびに心の中でカパオパンゴを踊っている自分を、ふとその場で恥じたのである。

どうせオールブラックスが勝つのだから、「接戦で勝つまでのあと3トライ」はウェールズが取れたほうが、世の中の総幸福度が高まるではないかと。

そこで私は「僅差でオールブラックスが勝つ限り、ウェールズを応援」という成熟した応援を始めたのだ。
そのとき、**世の中の人が自分を少しでも無慈悲な内集団バイアスから解放したら、世の中の他の集団に優しくできる**のに、と大局的に悟ったものである。

国際政治だろうが、ビジネスだろうが、趣味のスポーツだろうが、**自分が属していると思っている集団を無条件に正しいと過信し、そのバイアスの裏返しで、相手集団を敵視してはいけない。**

そして「正しいのは私たちだ、相手は徹底的に打ちのめされるべきだ」などと、チンパンジー時代の本能に突き動かされて、攻撃的な暴走をしてはいけないのである。

メディアが煽る本能的な対立意識に負けないための、一人ひとりの冷静なインプットと、同調圧力に負けない勇気ある皆様のアウトプットを心より応援しつつ、本編の終わりとさせていただきたい。

ガンバッテーガンバッテー‼（ハカ調）。

教訓

自分自身の「内集団バイアス」を疑い、「外集団」も同じ人間として尊重することが重要である。

コラム

メディアに頼らず、実際に会ってみるのが一番

自分のバイアスに気づかず、情報の信頼性も確かめない「恥ずかしい読み方」をしないために

最終章では、「確かな情報を得るためのインテリジェンス戦略」とうたって、偽情報を見破るメディアリテラシーの基本を論じてきた。

ここでもう一つ、確かな情報を判断するうえで忘れてはならない大きな要素がある。それは何といっても、より多様な人々と直接触れ合うということである。

私はもはや行ったことがない国は、南米とアフリカに数カ国ある程度というくらい、さまざまな国に仕事・遊びで足を運んだし、大概の国に知人・友人がいる。

そうした経験からの最大の教訓は、政治家やメディア、教育システムが作り出すバイアスとは関係なく、我々の大半は結局は約7万年前まで皆アフリカにいた、同じ人間なのだということである。

たいてい国同士の戦争の前には必ず、相手国民を悪魔のように喧伝する、非人間化メディア

キャンペーンがある。だからこそ、本質的に同じ人間を非人間化して侮蔑する言説には、過去の数々の悲劇の教訓を生かして、「NO!」と言わなければならないのだ。

直接経験することの重要性という意味では、以前PHP研究所から出た『お金の流れで読む日本と世界の未来』（PHP新書）がベストセラーとなった著名投資家、ジム・ロジャーズ氏とのメディア対談で氏が私に最後に語ってくれた一言が印象的である。

ロジャーズ氏はそのとき、「**どんな国でも実際に行ってみて、現地の人と話して一緒にビールを飲めば、偏見や誤解が消えて友達になれるものだ**」と笑って体験談を語っておられたが、これは私の体験とも完全に一致する。

しかしながら、確かな情報をつかむためのメディアリテラシーがすっかり強化されてしまった読者の皆様は、このロジャーズ氏の本の編集者が、実は本書の編集者と同じ方であることを見抜かれたかもしれない。

本当に手強い、筆者泣かせの最強の読者になられてしまったわけだが、そのような「**情報発**

信者がどのようなステークホルダーを有していて、どのような意図をもって発信しているのか」を自然に考えられる方が、もっと増える必要がある。

それでは最後に、本章で学んだ6つの絶対ルールの重要なエッセンスを以下の2軸に割り振って、「情報受信力」マトリクスの各象限の特徴および、改善法についておさらいをしよう。

●情報の信頼性
●自分のバイアスチェック

【A】情報の信頼性　○
　自分のバイアスチェック　○

インプットの達人は、媒体の経営者や支持者のスタンスを理解しようとするし、発信者の情報源が、信頼に足る一次情報に基づいているかどうかを確認する。
またその情報発信者が、反対意見に対して冷静に対応しているかも見ることで、その発信情報の信頼性を判断するのだ。

〈情報受信力をチェックするためのマトリクス〉

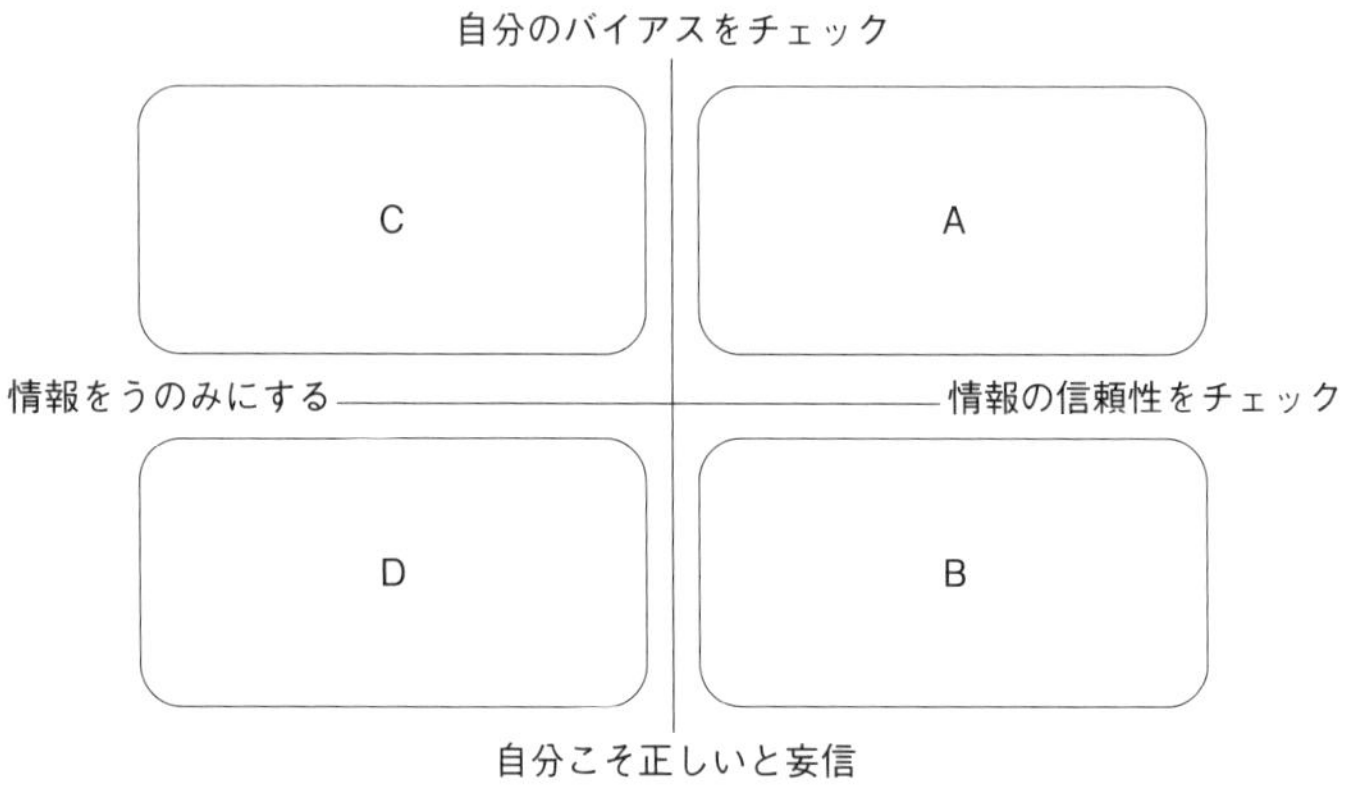

このような人は専門家の発言や法的根拠、科学的根拠といった、一見もっともらしい根拠もきちんと中身を精査する。

またネット記事や書き込み数の多寡が、事実とかけ離れていることをきちんと理解しているし、自分自身の信仰や評価指標を過信したり、愚かな一貫性を守るために頑固になっていたりしないかも自省する。

そして自分自身の内集団バイアスを冷静に見極めたうえで、情報の信頼性を判断することができるのだ。

【B】情報の信頼性　○
自分のバイアスチェック　×

「勉強熱心な頑固者」は、取り扱い注意だ。情報をいろいろと調べるものの、「自分の思い込みの正しさ」を強化する一方的な情報だけ収集してしまう。

このタイプは相手を批判するために、それはそれは熱心に情報をかき集める。**しかし自分の意見に反する情報に関しては、「バカが嘘をついている」などと、一切遮断する。**

このような状況にある方は、自分にはどんな内集団バイアスや認知不協和があるのか、積極的に見つめ直す必要がある。

そして自分の判断基準を冷静に再考したり、内集団外の情報にも触れて情報源を多様化することで、視座を高く、視野を広くしていくことが重要なのだ。

【C】情報の信頼性 ×
自分のバイアスチェック ◯

自分の思い込みが間違っているかも、と謙虚になるのはいいのだが、判断基準がコロコロ変わり、さらに怪しげな情報を真に受けて暴走する、残念無念なメディアリテラシーの持ち主がこれにあたる。

たとえば、「自分のやり方は間違っていたのかも」と反省していろいろ勉強しようとするのはいいのだが、変な占いや謎の自己啓発セミナー、そして怪しげな新興宗教にはまりがちな人は、確信がすぐに揺らぐだけに、間違った情報に振り回されがちだ。

このような状況にある方は、その情報発信者の支持者はいわゆる「情報弱者」が多いのではないか、少なくとも「情報強者」は周りにいないのではないかと、冷静に自問する必要がある。

【D】情報の信頼性 × 自分のバイアスチェック ×

偏見と間違った情報だらけの恥ずかしい人は、羞恥心を感じないだけに歯止めがきかず、意外と最も拡散力が強かったりする。

このような人は、バイアスが強いうえにあらゆる偽情報を強く信じ込むので、周囲が何を言っても、感情的に激怒しがちである。

こういうときは、**自分が守ろうとしている一貫性がともすれば「一貫して間違っている単なる頑迷さの証」ではないのかと自問することが大切**だ。

そして自分は、狭いコミュニティで「いいね」と賛同される快感に突き動かされてはいないかと、自分自身の「内集団バイアス」に謙虚に向き合う姿勢が重要なのである。

終わりに――発信力の「信」は、信用の「信」

「発信するのが楽しみで仕方がない」となるまで、準備することが大切

私の約20年にもおよぶさまざまなグローバル・ビジネスコミュニケーションに関する教訓を、一冊にまとめさせていただいてきたが、その長大な旅路も幕を下ろそうとしている。

本書で論じた33の教訓は、膨大な場数を通じて習得してきたものなので、一回読んですべて習得しようとされるのは、さすがに野心的すぎるだろう。

これらの習得には、長い時間をかけて場数を増やすことが重要だ。しかし一方で、これらの教訓はあらゆる仕事で応用できる基本であり、そのほとんどが誰にでも応用できるものだと、心からの激励を送りたい。

本書でお伝えしたかった33の教訓のうち、特に強調したいいくつかのポイントをおさらいしてから、終わりの挨拶とさせていただこう。

本書の執筆が終盤に差しかかっていたとき、我らが編集チームと「発信力とは何か」に関して議論する機会を設けることができた。

そこで本書を担当してくれた編集者の方が、**「このヒト＝この分野の話を聞きたい」という信頼性の有無が一番大切**だとおっしゃったが、それに私も完全に同意する。
玉石混淆の怪しげな情報が氾濫するからこそ、実践者による信頼できる情報の価値が高まっているのだ。

人様に読んでもらい、聞いてもらうに値する、信頼できる確かな情報をインプット（受信）する。
そしてメディア情報のバイアスを読み解き、一次情報に基づき正直に発信できている人だというレピュテーション（評判）を得ることこそ、アウトプット能力を強化するための基本ではなかろうか。

そんなアウトプットとインプットの基本を踏まえた上で、本書で共に学んできた教訓の中から最も重要な3点を挙げるとするならば、

①　どうしても伝えたいことを考える

② 相手を傷つけずに共感する
③ 自分自身の思い込みを再検討する

の3点に尽きると言えよう。

文章を書くにしても、プレゼンテーションをするにしても、日常会話をするにしても、質問をするにしても、そして情報を解釈するにしても、すべては「どうしても伝えたいことは何か」という自問と、相手に共感しようという姿勢、そして「内集団バイアスに縛られていないか」という自戒が、重要なのだ。

最後に「世界標準のコミュ力の基本」を語るうえで、私が最も伝えたいメッセージを強調して、本書を締めくくりたい。

私が何かを書くときや、話すとき、プレゼンするときに最大の自信の根拠となるのは、やはり**「これを伝えるのが楽しみで仕方ない」という状態になるまで、しっかりと下準備をした**という事実である。

特に緊張するときにこそ重要なのは、**楽しさが緊張を上回るくらい、自分ならではの付加価値のある話を考え抜く**ことなのだ。

そして、このどうしても伝えたいことを端的に一言で伝えられるようになっていれば、あなたはどれほど大勢の誰の前に出ても、大丈夫である。

逆にこの「どうしても伝えたいこと」を考えずに小手先のテクニックだけ真似しても、誰にも響くわけがないのだ。

末筆ながら、今私が最も伝えたいのは、本書執筆の最高の伴走者であった、ＰＨＰ研究所の編集者・大岩央さんと、素晴らしい働きをしてくださった田村知子さんへの、心からの感謝と敬意である。

また私の著書を本棚に並べて応援してくださる全国の書店の皆様にも、心から感謝の気持ちを捧げたい。特に下読みの段階で極めて有意義なフィードバックをくださった、ウェブディレクター、ライター、編集者、主婦、ＳＥの皆様に感謝したい。

また私が尊敬する、世界最高峰の経営学者であるチャン・キムＩＮＳＥＡＤ教授、大学の恩師で、卒業後もその背中と行動で私を指導して下さる竹中平蔵先生、著名脳科学者で、私が愛読する素晴らしい書籍を多く出されている中野信子先生、そして世界三大投資家として知られるジム・ロジャーズ氏が、本書の表紙で私に過分な応援の言葉を寄せてくださったことに、深く感謝したい。

そして私の人生を愛情で満たしてくれる、我が母ミセス・パンプキン、我が妻ミセス・バナナと、そして今はまだ小さな細胞であるが、本書が20刷くらいになったころには出て来てくれているだろう、ベビー・マンドゥ（私の妻は、私が饅頭《まんじゅう》に似ているということで、私を「マンドゥさん」と呼んでいる）に、深い愛情を伝えたい。

我が子がこのような本を読むころには、お父さんはおそらく、太りすぎの成人病（＊まだかかっていません）で天国から見守っていることになっているだろう。

しかし私がビジネスパーソンの先輩として我が子に伝えたいことは、前著の『最強の働き方』と『一流の育て方』、そして『世界トップエリートのコミュ力の基本』に凝縮しているので、安心して旅立てるというものである。

最後に最も重要な、本書を読んでくださった読者の皆様に、心より感謝の気持ちを捧げたい。

皆さんからいただく激励の言葉は、私にとって大きな意義をもつ。今回はビジネス・コミュニケーション能力に関する本として最高峰の一冊をお届けしたいと念じて、皆様にお伝えするのが楽しみで仕方なくなるくらい、しっかりと準備させていただいた。本書を読み終えられた今、皆様はどのような感想を抱いてくださっただろうか？

自分自身で書いておきながら、読後感想文を自分で書くとするならば、本書のコンセプトを一言で言えば「**ビジネス・コミュニケーション能力を、アウトプットとインプットの両面で劇的に高める、コミュ力の教科書**」であった。

2行で具体的に説明すれば「著者が世界中で働き、恥ずかしい失敗の数々と、時にユーモラスな実体験を通して学んだ、読み・書き・プレゼン・会話・質問力を高める33の教訓」だ。

そして、冒頭で説明させていただいた3大特徴を言い換えれば、グローバル（世界中での実体験）×プラクティカル（誰にでも当てはまる、実践的な絶対ルール）×ファン（読みやすく、わかりやすく、ユーモラス）であり、そのように楽しみながら学んでいただけていれば、私の思いは達成されている。

また、本書の密かなもう一つの方針は、日頃から一生懸命頑張っておられる皆様への、心からの共感と激励であった。

本当にありがたい皆様からのご感想に関してだが、間違ってもアマゾンで、「**本が送られてきたときに、包装がほつれていたので1です**」などの、「まったく著者の責任ではない理不尽な1（最低評価）」を〝アウトプット〟されるのは、思いとどまっていただきたい。

代わりにSNSで大切な友人に感想文を良くも悪くも正直にお伝えいただき、その獅子奮迅《ししふんじん》のシェアっぷりを、私のフェイスブック（https://m.facebook.com/francehongkongsingapore）か、またはビジネスコミュニケーション能力を高めながら仕事の教訓を学び、多様なプロジェクトやビジネス書出版に繋げるオンラインサロン、「最強＆一流の基本」（HP: https://moogwi.com/ 参照）にご連絡いただければ、幸いである。

また本書に共感してくださった方が、**#ムーギーキム　#世界トップエリートのコミュ力の基本　#ビジネス書大賞**　などと勇み足で推薦してくださるなら、こちらとしても、まだ受賞どころかノミネートすらされていないのに、「二十一世紀ビジネス書大賞受賞祈念パーティ」に、招待させていただくかもしれない。

そのような方には特典として、友人の許可が得られれば、そこに私の友人代表結婚式スピーチ史上最高峰の一発をアップロードして、読者の皆様にも実におめでたい気持ちになっていただこう。

むしろ私でよければ、皆さんの結婚式で「友人代表スピーチ」ならぬ、「著者代表スピーチ」を、先着0名様に炸裂させたいくらいだ。

皆さん、今回も私の本を最後まで温かい気持ちで読んでくださり、ありがとうございました。本書が読者の皆様のビジネス・コミュニケーション能力を劇的に高めるための、ささやかなインプットになっていれば幸いです。

ムーギー・キム

二十一世紀初頭　モンテネグロの海岸都市、コトルにて——皆様が本書を読んでくださる瞬間を、心より楽しみにしつつ。

〈著者略歴〉

ムーギー・キム　Moogwi Kim

実業家。AI Partners（シンガポール）パートナー。（株）ディープキャリア取締役。ブルー・オーシャン・グローバル・ネットワークメンバー。慶應義塾大学卒業。INSEAD（フランス／シンガポール）MBA。欧州系投資銀行、米系戦略コンサルティングファーム、米系資産運用会社で勤務したのち、香港・シンガポールに移りプライベートエクイティファンドにて勤務。現在は日本とシンガポールを拠点に、投資×企業イノベーション×グローバル人材（採用・研修・コーチング）の3領域で活動。英語・中国語・韓国語・日本語の4カ国語を操る。その多言語コミュニケーション能力は世界的VIPから高い評価を受けており、ジム・ロジャーズ氏（世界3大投資家）、チャン・キムINSEAD教授（Thinkers50世界ナンバーワン、“ブルー・オーシャン・シフト”共著者）、竹中平蔵氏（元経済財政政策担当大臣、世界経済フォーラム〈ダボス会議〉理事）など、世界的著名人を対象とした対談・インタビューを多数こなしている。

インフルエンサーとしても知られており、東洋経済オンラインでのコラムは1人で1億PVを達成。主著の『最強の働き方』（東洋経済新報社）、『一流の育て方』（ダイヤモンド社）などのベストセラーは6カ国語で展開され、累計60万部を突破。2017年翔泳社ビジネス書大賞受賞。2020年よりビジネスコミュニケーション能力を高めながら仕事の教訓を学ぶ、「マンスリービジネススクール」をコンセプトにしたオンラインサロン「最強＆一流の基本」を開設。

HP：https://www.moogwi.com

装丁……小口翔平＋喜來詩織（tobufune）

世界トップエリートのコミュ力の基本
ビジネスコミュニケーション能力を劇的に高める33の絶対ルール

2020年3月11日　第1版第1刷発行
2020年3月26日　第1版第2刷発行

著者　ムーギー・キム
発行者　後藤淳一
発行所　株式会社ＰＨＰ研究所
東京本部　〒135-8137　江東区豊洲5-6-52
第一制作部人文社会課　☎03-3520-9615（編集）
普及部　☎03-3520-9630（販売）
京都本部　〒601-8411　京都市南区西九条北ノ内町11
PHP INTERFACE　https://www.php.co.jp/

組版　朝日メディアインターナショナル株式会社
印刷所　大日本印刷株式会社
製本所　株式会社大進堂

ISBN978-4-569-84596-8

PHPの本

最強の生産性革命

時代遅れのルールにしばられない38の教訓

竹中平蔵 著／ムーギー・キム 著

時代遅れの働き方、会社のあり方、経済と政治の仕組み……日本の大問題はここにあり！　世界を知り尽くした二人が炎上覚悟で徹底討論。

定価　本体一、五〇〇円（税別）

PHPの本

会社というモンスターが、僕たちを不幸にしているのかもしれない。

青野慶久 著

日本で一番働き方について考えている社長に聞いた、「一生ワクワクして働く方法」。サイボウズでのユニークな働き方も紹介。

定価 本体一、五〇〇円（税別）

PHPの本

労働2・0

やりたいことして、食べていく

中田敦彦 著

「全サラリーマンに告ぐ、いますぐ労働をアップデートせよ！」。シェアリングで仕事発注、SNSでバイト募集、オンラインサロンで副業……。どんな組織にいても実践可能な「最強のビジネス論」。

定価 本体一、四〇〇円（税別）

PHPの本

まんがで身につく「伝える力」

池上 彰 著／星井博文 シナリオ／anco 作画

200万部ベストセラー、ついにマンガで登場！
一生役立つ「話す力」「書く力」「聞く力」がぐっとくるストーリーで無理なく身につく！

定価 本体一、二〇〇円（税別）